中华文物览胜

昭陵博物馆
珍品讲读

高春鸿 著

西北大学出版社

·西安·

图书在版编目(CIP)数据

昭陵博物馆珍品讲读 / 高春鸿著. —西安：西北大学出版社，2020.9
ISBN 978-7-5604-4602-8

Ⅰ.①昭… Ⅱ.①高… Ⅲ.①博物馆—历史文物—介绍—礼泉县 Ⅳ.①K872.414

中国版本图书馆 CIP 数据核字（2020）第 187477 号

昭陵博物馆珍品讲读
ZHAOLING BOWUGUAN ZHENPIN JIANGDU

高春鸿 著

西北大学出版社出版发行

（西北大学校内 邮编：710069 电话：029-88302621 88303593）

全国新华书店经销 陕西龙山海天艺术印务有限公司印刷

开本：889毫米×1194毫米 1/16 印张：8

2020年9月第1版 2020年9月第1次印刷

字数：102千字

ISBN 978-7-5604-4602-8 定价：88.00 元

如有印装质量问题，请与本社联系调换，电话 029-88302966。

序 言

昭陵精华览胜

　　昭陵，为唐太宗李世民之陵园，位于陕西省礼泉县九嵕山，始建于公元636年，历时13年建成，是我国历史上第一座依（因）山而建的帝王陵墓（因山为陵）。今所称之昭陵，于历史文化及文物上之概念，尚包括近200座陪葬墓。这些陪葬墓，皆为初唐时期之皇子、公主、王侯将相、国家勋臣之墓葬。赐陪葬帝王陵墓是无上光荣、载诸史册的一件事！

　　后因多种原因，昭陵诸多陪葬墓中出土了大量文物，因而设立了文管所，后晋升为昭陵博物馆。博物馆设于陕西省礼泉县烟霞镇，西距县城15千米，北距陵山13千米，选址在昭陵陵园中心的李勣墓前。李勣原名徐懋功，唐初名将，被高祖赐姓李，后避太宗讳，改名为李勣，封英国公，为凌烟阁二十四功臣之一，历事高祖、太宗、高宗三朝，赠太尉、扬州大都督，谥号"贞武"，陪葬昭陵。

　　此处陵园区所葬之皇室成员及文臣武将地位皆极显赫。关于贞观之治，除史册文献中之文字记录外，文治武功于此皆可具体地呈现出来，所以参观昭陵博物馆如读有关贞观之治的史册。博物馆保留了大量唐代的碑刻、墓志、壁画、陶俑……其碑刻、墓志多出于书法名家之手，如欧阳询、褚遂良、王知敬、李治、殷仲容、赵模、高正臣、畅整、王行满、李玄植等，他们的书法代表了初唐书法的辉煌成就。《温彦博碑》《房玄龄碑》在中国书法史上，是极重要的楷书典范。大量的皇子、公主、勋臣的墓志铭，不但是重要的传记文学、史学资料，亦为极精彩的书法模板，其墓志盖更是极其浪漫的书法、雕刻艺术珍品。博物馆所藏唐碑之数量，为全国最多。

　　墓葬中出土之壁画，为唐代现实生活的具体写照。其线条用笔精准传神，强劲流畅，毫无迟滞之笔，形神兼备，敷彩简明，高贵大方，活泼生动。在中国绘画史上，它们补足了此一时代的缺失，更达到了盛唐、中晚唐以至五代人物画的最高成就。

　　大量的陶俑，工艺皆极精良，造型写实生动，上彩绚丽，品类众多，于全国皆属罕见。各品秩之文士、武将，以及骏马、骆驼，为我国雕塑艺术史、文官品秩、武将官阶、服饰、马政、马种、宫廷娱乐、外来民族等，于史册文献记录之外，提供了最具体的实物，可供对比研究与艺术欣赏。

礼泉高春鸿先生，供职于昭陵博物馆，与我深交近 30 年。见渠所临摹之唐墓壁画，如见原件真迹。渠数十年沉浸于唐文化、历史，深研昭陵博物馆之各类文物，专志于昭陵墓葬群之考古工作。近总纂昭陵博物馆之代表文物精华，集彩图附以严谨而翔实的考证解说，对于专业研究者及一般大众而言，皆为最适当之昭陵博物馆指南。于此书册中，我们可获得极丰富的历史知识，有美丽生动的历史文物来滋养我们的眼睛，扩大并提升我们的历史、文物及美学之境地。谨祈阅读者众，并珍之惜之！

台湾师范大学教授
西安碑林博物馆名誉馆员　张克晋
华夏文化学会理事长
2020 庚子杪夏于台北玲珑山房

昭陵博物馆

"昭陵碑林"题字（罗坤学）

李勣碑

昭陵博物馆碑石陈列室（昭陵碑林）外景

昭陵博物馆碑石陈列室（昭陵东碑林）内景

昭陵博物馆碑石陈列室（昭陵西碑林）内景

昭陵博物馆文物精华陈列室内景

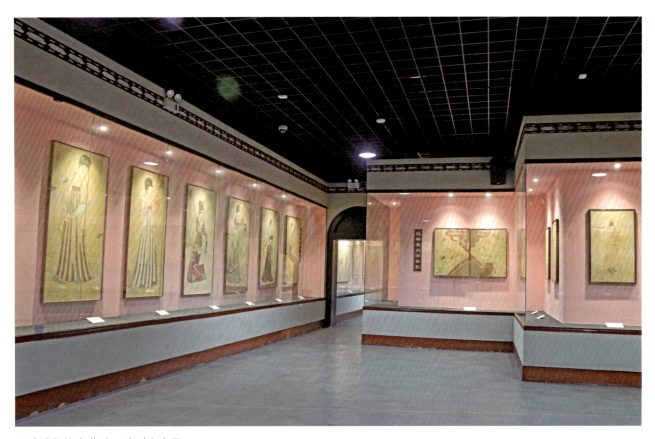

昭陵博物馆唐墓壁画陈列室内景

目 录

上篇　彩釉韫古

贴金彩绘文官俑…………………… /2
贴金彩绘武官俑…………………… /4
贴金彩绘釉陶女骑马俑…………… /6
彩绘牵马胡俑……………………… /8
彩绘釉陶男骑马俑………………… /10
红陶男骑马胡俑…………………… /12
彩绘釉陶男骑马乐俑……………… /13
白陶舞马俑………………………… /14
彩绘釉陶描金女骑马俑…………… /16
三梁进德冠………………………… /18
彩绘红陶男骑马胡俑……………… /20
天王俑……………………………… /22
彩绘红陶双峰驼俑………………… /26
彩绘釉陶男骑马长啸俑…………… /27
彩绘釉陶男装女立俑……………… /28
彩绘釉陶女立俑…………………… /30
彩绘贴金镇墓兽…………………… /32
彩绘釉陶载物双峰驼俑…………… /33
彩绘釉陶女骑马俑………………… /34

彩绘釉陶女骑马俑………………… /36
男立俑……………………………… /38
辟雍形白瓷砚……………………… /40
蓝彩女立俑………………………… /41
白陶天王俑………………………… /42
彩绘文官俑和武官俑……………… /44
三彩马俑…………………………… /46
三彩火焰纹碗……………………… /48
三彩骑马乐俑……………………… /50
三彩女骑马俑……………………… /51
三彩男骑驼胡俑…………………… /52

中篇　琬琰流芳

温彦博碑…………………………… /55
房玄龄碑…………………………… /56
李勣碑……………………………… /57
杨恭仁墓志………………………… /58
韦贵妃墓志………………………… /60
长乐公主墓志……………………… /62
阿史那忠墓志……………………… /64
李震墓志…………………………… /66

王君愕墓志……………………/ 68	持簪侍女图……………………/ 97
薛赜墓志………………………/ 69	捧手帕侍女图…………………/ 98
李思摩墓志……………………/ 70	高髻侍女图……………………/ 99
统毗伽可贺敦延陁墓志………/ 71	吹排箫坐部女伎图……………/ 100
段蔄璧墓志……………………/ 72	坐部舞蹈女伎图………………/ 101
唐俭墓志………………………/ 73	敲磬坐部女伎图………………/ 102
张士贵墓志……………………/ 74	弹筝筷坐部女伎图……………/ 103
尉迟敬德墓志…………………/ 76	吹口技坐部女伎图……………/ 104
苏氏墓志………………………/ 78	吹箫坐部女伎图………………/ 105
郑仁泰墓志……………………/ 80	抚琴坐部女伎图………………/ 106
程知节墓志……………………/ 82	献马图…………………………/ 107
李勣墓志………………………/ 83	袍服仪卫队图…………………/ 108
王大礼墓志……………………/ 84	甲胄仪卫队图…………………/ 109
赵王李福墓志…………………/ 86	群侍图…………………………/ 110
越王李贞墓志…………………/ 88	背身侍女图……………………/ 111
临川郡长公主李孟姜墓志……/ 90	持蜡台侍女图…………………/ 112

下篇 丹青流彩

	持纨扇侍女图…………………/ 113
门阙图…………………………/ 92	持执壶托果盘侍女图…………/ 114
献马图…………………………/ 93	持纨扇双人嬉戏图……………/ 115
执笏给使图……………………/ 94	捧白瓷净瓶侍女图……………/ 116
给使图…………………………/ 95	对舞图…………………………/ 117
双螺髻侍女图…………………/ 96	后　记…………………………/ 118

上篇 彩釉韫古

正面　　　　　　　　背面

贴金彩绘文官俑

这件文官俑1971年出土于张士贵墓，高68.5厘米。头戴黑色贴金进贤冠，上身穿朱红色对襟阔袖长衫，套缠枝宝相花裲裆，束深绿色软腰带，系金色衣带钩，下身着乳白色裳，脚蹬黑色高头履。袖口、襟边饰宝相花纹，衣、冠边饰均贴金。双手拱于胸前，肃然恭立于陶质台座上。面容清秀，目光下视，若有所思。雕塑者运用写实的手法表现出大唐帝国满腹治国方略的文官形象。

此俑的眉毛、胡须都是一根一根画上去的，根根不乱。服饰图案描绘细腻，排列有序。整个俑甚至两侧耳洞都塑造得极为逼真，似乎表现了大唐"兼听则明"的时代精神，足见其精湛至极的雕塑工艺。

进贤冠也叫"梁冠"，是古代官员朝见皇帝时所戴的一种礼帽，是中国服饰艺术史上重要的冠式。唐时百官皆戴进贤冠。《后汉书·舆服志》中说："进贤冠，古缁布冠也，文儒者之服也，前高七寸，后高三寸，长八寸。"《新唐书·车服志》中有："进贤冠者，文武朝参、三老五更之服也。"唐杜甫《丹青引赠曹将军霸》一诗有云："良相头上进贤冠，猛将腰间大羽箭。"

贴金彩绘文官俑（局部）

正面　　　　　　　　　背面

贴金彩绘武官俑

这件武官俑 1971 年出土于张士贵墓，高 72.5 厘米。头戴兜鍪，有护耳、披帧，身穿红色战袍，着明光铠，双臂饰虎头披膊，烘托出猛虎般威风的气势，足蹬黑色圆头靴。通体多处贴金，遍饰彩绘缠枝宝相纹、蔓草纹、梅花纹等，雍容华贵。蹙眉，瞪眼，闭嘴，神情严肃。双手握拳作持兵械状，仪态英武威严。

此俑做工精细，形象逼真，栩栩如生。俑的背部饱满写实，极具力量感。服饰的样式、色彩的搭配及人物的气质均注入了当时社会流行风尚的诸多元素，体现出自信、豪迈的大唐气质。

明光铠的称谓与铠甲胸前及背后的圆护有关。这种圆护大多以铜、铁等金属制成，并且打磨得光滑似镜，再在上面鎏金或鎏银。在战场上，圆护在太阳光的照射下会反射出耀眼的光，使敌方将士片刻间睁不开眼，从而为己方赢得取胜的机会。曹植《上先帝赐铠表》中有关于明光铠的记载，说明这种铠甲最晚在三国时就已经出现。《唐六典》中列出唐代铠甲 13 种，明光铠排名第一，为将士首选。

贴金彩绘武官俑（局部）

贴金彩绘釉陶女骑马俑

　　此俑长 29 厘米，通高 34.5 厘米，1971 年出土于张士贵墓。女俑头戴黑色阔檐帷帽，描柳叶眉，点朱唇，身穿窄长袖短襦衫，袒胸。此襦衫前面为对襟，以丝带对系，襦衫下部、肩部及袖口均绘有锦纹团花图案。系齐胸石榴红长裙，足蹬黑靴，端坐于马上，双手作控缰状。马虎首，前有攀胸后有鞦，黑鞍，鞯饰红底彩云图案，鞯边贴金，饰蔓草花纹。马身为淡红色，披鬃拖尾。

　　唐时女性服饰的主流是裙襦（衫）装。裙子以红色裙和条纹裙居多，从昭陵出土的许多陪葬女俑身上可看出这一点。在昭陵陪葬墓出土的陶俑身上，发现有褐、黄、绿、紫、白等数种颜色的裙子，还有纯色上起花色的裙子，说明当时提花工艺水平很成熟。隋代，贵妇出行开始戴帷帽。唐武德时，由于幂䍦流行，帷帽曾一度被废弃，到了唐高宗时期才重新兴起，并逐渐取代了幂䍦。《新唐书·五行志》中称："永徽后，乃用帷帽，施裙及颈，颇为浅露。至神龙末，幂䍦始绝。"

贴金彩绘釉陶女骑马俑

侧面　　　　　　　　　背面

彩绘牵马胡俑

　　此俑高 39 厘米，1971 年出土于张士贵墓。俑头戴黑色幞头，深目高鼻，八字胡须弯曲上翘。身穿朱红色圆领窄袖长袍，腰束黑革带，足蹬黑色软高皮靴。身体稍向左后倾，左手握于腹前，右手握拳前举，作牵引状。雕塑者形象地塑造出一个胡人牵马者的生活瞬间。

　　此俑所穿圆领袍，带着浓厚的胡服因素，窄身、窄袖利于驰射，软高皮靴便于涉草。圆领袍虽为胡服样式，但在当时多民族融合的背景下，特别是对于有着北方游牧民族血统的大唐王朝而言，以之为常服却是很合适的。

彩绘牵马胡俑

彩绘釉陶男骑马俑

此俑1971年出土于张士贵墓,长26厘米,通高31厘米。俑为胡人形象,头戴黑色幞头,深目高鼻,目视前方,络腮胡。身着红色交领右衽窄袖袍,束黑腰带,腰间挎一胡禄,足蹬黑尖靴,右手缩于袖内,自然下垂,左手控缰。马通体施土黄釉,虎首张口作嘶鸣状,前有攀胸后有鞦,黑鞍,虎纹鞯,剪鬃拖尾。

胡禄即箭囊,亦即带盖的皮革箭箙。《新唐书·兵志》中说:"人具弓一,矢三十,胡禄、横刀、砺石……"胡禄相较于箭箙,因为有盖,更适合在马上使用,在剧烈的颠簸中不易将箭抖落。

彩绘釉陶男骑马俑

红陶男骑马胡俑

　　1971年出土于张士贵墓的红陶男骑马胡俑，长42厘米，通高38厘米，是典型的胡商形象，头戴大翻檐胡帽，阔眉大眼，双目下视，蒜头鼻，双唇紧闭，表情复杂，好像在盘算：这次大唐之行皮货生意不错，赚了不少金银，回到西域要将生意做得更大，赚更多的金银。

　　这件胡俑制作精美，人、马比例准确。人物肩宽腰壮，神态上若有所思，从坐姿便可显示出他的心理活动。马身体健硕，肌肉分明，肥不露肉，瘦不露骨，尾巴有力地翘起，呈现出力量感和动感。造型上的这些细节，展现出唐代制陶工艺水平的高超，以及雕塑者对胡人、胡马的细致观察和了解，也从侧面反映出唐代胡汉交融深入人心。

彩绘釉陶男骑马乐俑

此俑长 20 厘米，通高 26 厘米，1971 年出土于张士贵墓。乐俑头戴黑色笼冠，内着紧袖衣，上穿红色圆领阔袖右衽长袍，下着乳黄色裤，足蹬黑色皮靴，左手控缰，右手持排箫作吹奏状。马虎首，墨描络头，头饰当卢，墨描前攀胸和后鞧，黑鞍，虎纹鞯，剪鬃缚尾。

昭陵发掘的 40 余座陪葬墓中出土了不少乐舞俑，这些俑神态各异，妙趣横生，是大唐乐舞的真实写照。张士贵墓出土的骑马乐俑，有的圆鼓双腮，横眉竖目，似在使劲吹奏乐器；有的挥动双臂，衣带飞舞，似在狂击钟鼓。这种乐俑名为骑吹，所奏之乐也叫骑吹或称铙歌。李白曾有诗句云："铙歌列骑吹，飒沓引公卿。"

白陶舞马俑

  白陶舞马俑长 54 厘米，高 46.5 厘米，1971 年出土于张士贵墓。此舞马俑三足立于平板上，通体皆为乳白色，如象牙雕刻的一般。肌肉健硕，身体匀称、修长，姿态优雅。右前蹄抬起，身体重心落在左前腿和两条后腿上，扬颈低头，鬃毛呈波浪状披在颈部左侧，尾巴上翘，好像正随着乐曲有韵律地踩着舞步。马头骨骼清晰，躯体健壮舒展，臀部曲线优美，胸部肌肉充满力量，整个造型集骨感、力感、动感和美感于一身。

  唐代，宫廷舞马风靡长安、洛阳，被视为祥瑞之物，并且深受社会各阶层喜爱。马听到音乐时，随着优美的旋律，时而四蹄交替踩着乐拍，时而两后蹄着地，两前蹄空中合拍，时而三蹄着地，前一蹄自然抬起。雕塑家敏锐地捕捉到这一瞬间，塑造出舞马表演时自然、轻盈、协调、紧凑的生动场面，并将舞马抬起的右前腿和直立的左前腿内部骨骼的变化，后两腿肌肉的变化，以及下视的眼睛和张开的嘴巴等细微之处，表现得惟妙惟肖。其高超的技艺令人叹为观止。

白陶舞马俑

彩绘釉陶描金女骑马俑

　　此俑长 26 厘米，通高 37 厘米，1971 年出土于张士贵墓。女俑头梳单螺髻，穿窄袖襦衫，袖口饰宝相团花图案，身披披帛，披帛在左前胸处束于裙下，经后背至右肩到腋下，垂于身后，下系石榴红长裙，足蹬黑色鞋，双手作控缰状。神态优雅，面带笑容，悠然骑于马上。马低头张口，披鬃拖尾，墨描络头，前有攀胸后有鞦，黑鞍，鞍中间彩绘有缠枝蔓草纹图案，边饰彩绘描金。

　　女子骑马，或一人或多人，行走在大街小巷、曲江池畔，身上披帛迎风飘动，为其增添了无限妩媚，无怪乎唐代诗人杜甫用"三月三日天气新，长安水边多丽人。态浓意远淑且真，肌理细腻骨肉匀。绣罗衣裳照暮春，蹙金孔雀银麒麟"这么美的诗句来赞美当时的仕女。

彩绘釉陶描金女骑马俑（局部）

三梁进德冠

　　三梁进德冠直径 19.5 厘米，高 23 厘米，1971 年出土于李勣墓。它是我国目前所能见到的最早的唐代帽子实物，为今人研究唐代冠冕提供了实物资料。此冠用很薄的鎏金铜叶做骨架，以皮革张形，皮革外再贴上很薄的皮革镂空蔓草花饰。冠顶部有三道鎏金铜梁，两边有三对对称的中空花趺。上面一对中空花趺用于贯簪，簪导贯发髻，遂将帽子固定在头上。下面两对中空的花趺，前边一对用于穿带子，系在下巴下，后边一对用于系丝绶，在脑后打结，垂于背后，这样帽子就会很牢固地戴在头上了。帽子后面下沿有一方孔将帽檐破开，孔又盖活页，用来调节帽径的大小。此冠看起来很重，实际上只有 400 克。《旧唐书》中说进德冠有三梁、两梁、一梁之分，三品以上的官员用三梁。李勣官至正一品司空，冠制三梁自在情理之中。

三梁进德冠

彩绘红陶男骑马胡俑

　　此胡俑长 30 厘米，通高 37 厘米，1978 年出土于段蔺壁墓。胡俑头戴朱色边胡帽，深目高鼻，络腮胡须。上穿粉绿色红边翻领长袍，下着朱色长裤，足蹬黑色长筒皮靴，坐在豹纹鞍毯上，身体稍前倾，双手作控缰状，凝目静思。马低头张口哈气，墨描络头，前攀胸后有鞦，黑鞍，披鬃拖尾。
　　唐代雕塑艺术已经能够通过细致的刻画，塑造出人物头部的骨骼、高隆的眉骨、凸起的颧骨，以及造型精准的鹰钩鼻。雕塑者以形写神，准确地表现出人和马的精神状态。

彩绘红陶男骑马胡俑（局部）

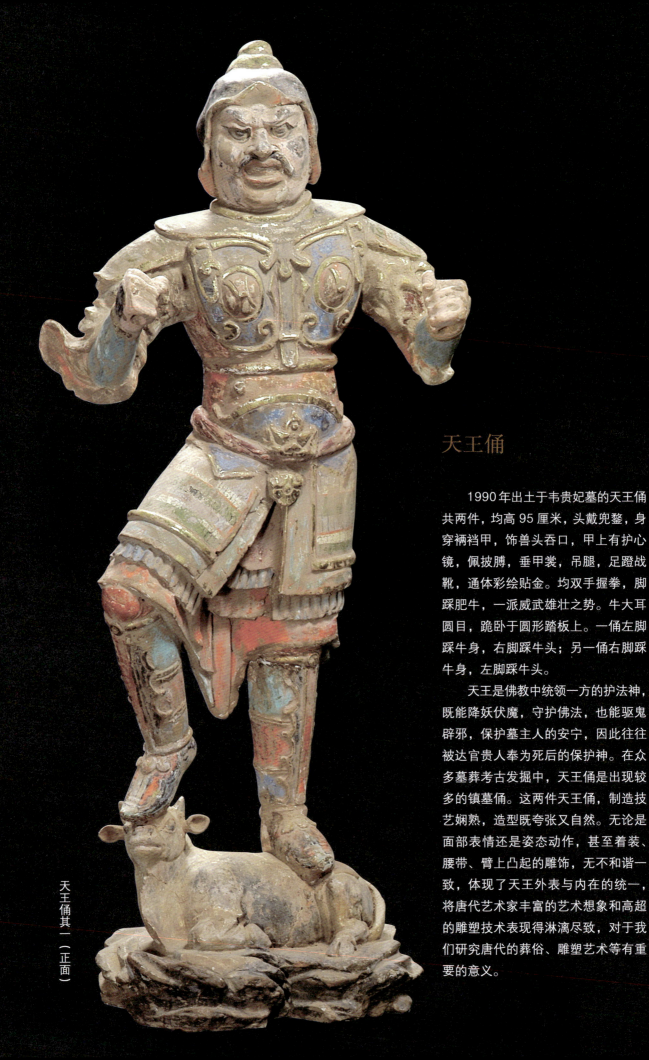

天王俑其一（正面）

天王俑

1990年出土于韦贵妃墓的天王俑共两件，均高95厘米，头戴兜鍪，身穿裲裆甲，饰兽头吞口，甲上有护心镜，佩披膊，垂甲裳，吊腿，足蹬战靴，通体彩绘贴金。均双手握拳，脚踩肥牛，一派威武雄壮之势。牛大耳圆目，跪卧于圆形踏板上。一俑左脚踩牛身，右脚踩牛头；另一俑右脚踩牛身，左脚踩牛头。

天王是佛教中统领一方的护法神，既能降妖伏魔，守护佛法，也能驱鬼辟邪，保护墓主人的安宁，因此往往被达官贵人奉为死后的保护神。在众多墓葬考古发掘中，天王俑是出现较多的镇墓俑。这两件天王俑，制造技艺娴熟，造型既夸张又自然。无论是面部表情还是姿态动作，甚至着装、腰带、臂上凸起的雕饰，无不和谐一致，体现了天王外表与内在的统一，将唐代艺术家丰富的艺术想象和高超的雕塑技术表现得淋漓尽致，对于我们研究唐代的葬俗、雕塑艺术等有重要的意义。

天王俑其一（背面）

天王俑其二（正面）

天王俑其二(背面)

彩绘红陶双峰驼俑

此俑长 68 厘米，高 80 厘米，1990 年出土于韦贵妃墓。驼俑昂首直立，体态自然，头部棱角分明，肌肉丰满，双目有神，注视前方，背上有驼毯，驼毯分为两层，上层为绿色毯，下层为红色百折毯。此双峰驼俑在昭陵目前发掘的几百件骆驼俑中，是唯一一件模塑法和堆塑法相结合的雕塑作品。从昭陵目前发掘的陶俑来看，当时的制作方法是采用模具压泥，使陶俑半成型，再粘接完成。而此俑是以模塑法雕塑成型后，再采取堆塑法塑造出头部、双峰、下腮及脖下和腿部的驼毛，质感逼真。这也是目前唐代驼俑发掘史上仅见的一件珍品。研究表明，此俑应出自当时雕塑界高手之手。

其一　　　　　　　　　　　　　　其二

彩绘釉陶男骑马长啸俑

　　此俑共两件，均长 24 厘米，通高 27 厘米，1971 年出土于郑仁泰墓。两俑均头戴红风帽，身穿淡绿色长袍，束黑色腰带，足蹬黑尖靴。一俑左手大拇指放于嘴唇上方，其余四指捂嘴，右手扬起，仰天长啸。另一俑左手扬起，仰天长啸。两马均虡首张口，双目圆睁，墨描络头，前有攀胸后有鞦，黑鞍，素色鞯，剪鬃缚尾。
　　唐代，啸是一种专业技能，在手指、口型及舌尖的配合下发出不同的歌啸，用于仪式表演。善啸者，声闻数百步，若鸾凤之音，穿越在山谷、河流、森林、庙宇等场所，回荡在皇宫的盛大庆典、皇亲国戚们的宴会乃至民间的各种庆典等场合。这件彩绘釉陶男骑马长啸俑，为我们研究唐代音乐提供了直观形象的实物资料，弥足珍贵。

彩绘釉陶男装女立俑

彩绘釉陶男装女立俑高31厘米，1971年出土于郑仁泰墓。此俑头戴黑幞头，面容圆润丰满，浓眉凤眼，朱红点唇。穿赭灰色圆领窄袖长袍，袍边饰有宝相花纹，束黑色腰带，着白色波斯裤，裤腿下边饰红色横纹，足蹬淡蓝色小尖靴，双手袖于腹前。神态端庄文静，样貌娇美可人。

通过出土文物可以看出，唐代女性着男装是一种时尚，这种时尚自大唐肇建至大唐灭亡贯穿始终。上至贵妇，下至村姑，穿男装者甚众，多半是为了踏青游玩或跟随男子驰骋射猎，体现了唐代女子不受约束的旷达个性和巾帼不让须眉的豪迈气概。昭陵陪葬墓出土的女俑中，学男子戴幞头、着少数民族男袍的为数不少。这件男装女立俑头戴幞头，身穿汉式男装，较为珍贵，将唐代女子独特的服饰审美和新奇帅气的着装表现得淋漓尽致。

彩绘釉陶男装女立俑

彩绘釉陶女立俑

　　此俑高 31 厘米，1971 年出土于郑仁泰墓，头梳双螺髻，面部圆润，阔眉细目，体态丰满娇美。身穿袒胸窄袖衫，外套半臂，披蓝色披帛。披帛一端塞入裙腰，另一端绕过肩背挽于手中，垂于腹前——这是初唐仕女中最流行的披法之一。披帛绕于肩上，与长长的高腰襦裙相得益彰。侍女的端庄优雅就在这一披一搭中表现出来。系红白色齐胸条纹长裙（红色现已脱落），穿黑色高头如意履。神情端重，静立而侍。

　　从昭陵目前发掘出土的雕塑、壁画等实物资料来看，唐代女子无论尊卑，无论是居家、探亲、访友、郊游还是参加各种大小型宴会，都喜欢在肩上披搭一条绕过胳膊的帛巾，唐代女子的婉约灵动、娴静温柔便在这份潇洒飘逸中表现出来。

彩绘釉陶女立俑

彩绘贴金镇墓兽

　　镇墓兽是一种明器，是专为死者设置的辟邪厌胜之物，一般放在墓门两侧。我国古代在墓葬中设置镇墓神煞的历史十分悠久。据《周礼》记载，周代有巫师方相氏，死者下葬前由方相氏在墓室驱邪。考古研究发现，狰厉的面具很可能与方相氏有关。我国目前发现的最早的镇墓神煞应为战国时期楚国的镇墓兽，多由漆木雕刻而成，虎形首，顶插鹿角。后来出现了人面镇墓兽，下带方座。1971年出土于郑仁泰墓的这件镇墓兽高62厘米，头上双角后倾，巨口獠牙，面目狰狞，作蹲踞状，有肩鬣、背鳍，背上插戟。通体彩绘贴金，艳丽的色彩中透出沉稳、大气和凛然不可侵犯的艺术感染力，表现出"镇"的威力。

　　唐代，镇墓兽的形制急剧发展，但在唐代初年尚与隋代时差别不大，人面表情和善，兽面造型似狮子，只是除了陶质彩绘的以外，有些表面施以黄釉。郑仁泰墓出土的这件镇墓兽透出一种气吞万物的威慑力量，是这一时期镇墓兽的代表。

彩绘釉陶载物双峰驼俑

　　此俑长 40 厘米，通高 44 厘米，1971 年出土于郑仁泰墓。驼俑引颈昂首作嘶鸣状，鼻翼张开，双目圆睁，头顶、颈下、腿部和双峰处有堆塑状驼毛，背上有椭圆形花毯和凹面夹板，上置鞍架，架上有一条装满东西的长条花袋。袋两端横置丝、绸各一卷。丝为两股，拧绞如绳状，染蓝色；绸中间为白色，两头为红色。花袋下面一旁挂有扁壶、勺、野鸡、兔子等，另一旁吊有刀鞘、箭囊等。

　　此俑生动地再现了骆驼在丝路古道上负重长途跋涉的艰辛，可以想象到当年的驼队正是带着黄土高原的尘埃，踏破河西走廊的寂静，满载友谊，促进了中西方文化的交流与经济的繁荣。

彩绘釉陶女骑马俑

　　此俑长 24 厘米,通高 28 厘米,1971 年出土于郑仁泰墓。女俑头梳盘叠式发髻,身穿乳黄色交领右衽女袍,左前襟掩向右腋系带,腰系黑色革带,足蹬黑色高勒靴,左手半握于腹前,右手自然下垂,悠闲地坐在马上。马虬首,墨描络头,前有攀胸后有鞦,黑鞍,素色鞯,两侧有鞘,剪鬃缚尾。

　　盘叠式发髻的结法是将头发用丝线分股拢结系起,然后采用编、盘、叠等手法,把发髻盘叠成螺状,放置在头顶或头两侧,也有置于前额或脑后者,或可随意盘叠成各种形式。

彩绘釉陶女骑马俑

彩绘釉陶女骑马俑

  此俑长30厘米，通高37厘米，1971年出土于郑仁泰墓。女俑头戴幂䍦，身穿粉红色窄袖衫，外套绿色半臂，系红色长裙，画眉，朱唇，足蹬黑靴，骑黑斑马。马低头张口，剪鬃缚尾，墨描络头，前有攀胸后有鞦，黑鞍，鞍上饰有祥云描金团花图案。

  幂䍦是古代西北少数民族的遮面之巾，最初为男子所戴，将面容甚至肩膀包裹得严严实实。北齐、隋时，女子渐尚骑马，又不欲使人窥之，所以戴上幂䍦。唐初，统治者要求女子骑马出行时戴上幂䍦。昭陵出土了许多头戴幂䍦的骑马女俑，当时的幂䍦已发展成面容外露的形式。

彩绘釉陶女骑马俑

男立俑

男立俑高 28 厘米，1971 年出土于郑仁泰墓。此俑头戴黑色幞头，内穿蓝色圆领窄袖襦衫，外着红色阔袖右衽袍，束腰带，下着筒裤，足蹬黑色皮鞋。

这一时期流行这种宽松肥大的筒裤，既舒适又灵便，穿上显得风度翩翩，因而男女甚爱。平时为了走路和工作方便，用长带子在膝盖处把裤管扎紧，称为"缚裤"。缚裤当时也在朝廷和军队中流行，军人穿上缚裤，跑步、骑马都不成问题。大唐以博大的胸襟接纳了"万国衣冠"。从昭陵目前发掘出土的雕塑和绘画来看，上至权贵，下到庶民，男女老少都穿各种款式的裤子，裤子在这个时期大放异彩。

男立俑

辟雍形白瓷砚

辟雍形白瓷砚，直径31.5厘米，通高18.4厘米，1986年出土于长乐公主墓。包括砚台和砚盖两部分。砚为乳白色瓷，砚面隆起未施釉，方便研墨。如今上面还残存着墨迹，当为墓主人生前实用之物。周边有圆形水槽，形如辟雍。砚座由25个蹄形柱围成圈足。此砚器形规整，端庄大气，制作精美，光鉴晶莹，立意新奇，用赏兼得。

唐及其以前的文人士大夫，平日书写翰札没有高桌子、低板凳，而是盘腿席地而坐，左手持简或纸（纸卷成筒状），右手持笔悬臂书写，砚台放在身边地上，故唐以前的砚台是有足的。

"辟雍"一词源于古代一种圆形的建筑形式，传为周天子所设大学。在古人看来，辟雍是高等学府的象征，于是聪明的先民模仿其形，制造出辟雍砚，希望朝廷重视教育，培养更多人才。唐初，政治稳定，经济文化繁荣，制瓷业迅速发展，瓷砚盛行，辟雍瓷砚的制作日益精美。唐太宗李世民酷爱书法，所以他的子女也都喜爱书法。经考证，此瓷砚当为长乐公主生前所用之物，为唐砚中的上乘之作。

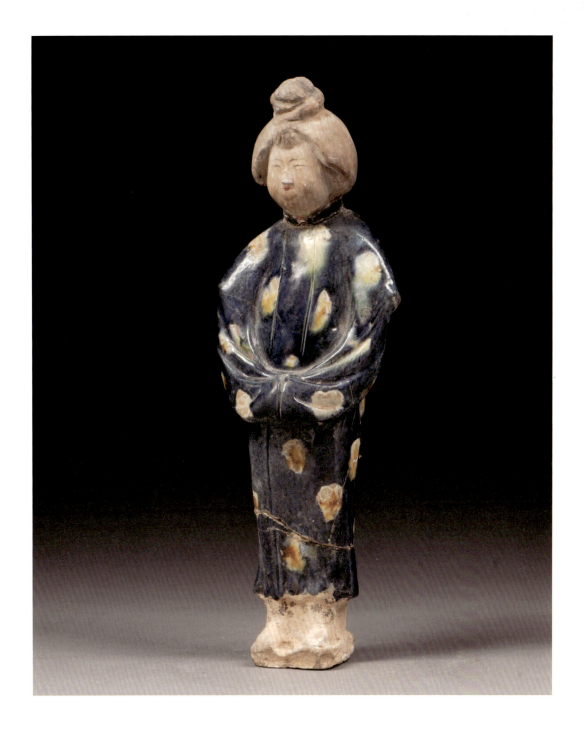

蓝彩女立俑

　　蓝彩女立俑高 22.5 厘米，1972 年出土于安元寿墓。女俑头梳高髻，面容丰满，墨描眉目，朱红点唇。身穿小领窄袖长袍，束腰，双手交于腹前。长袍施深蓝彩，遍洒白花团，花团中又略点淡棕色。衣褶清晰，自然流畅，婉嬺华贵，气韵生动。特别是其蓝彩，在早期唐三彩中极为罕见。据专家考证，唐代前期的工匠还没掌握提炼氧化钴的技术，他们使用的氧化钴是从西亚经丝绸之路传进来的，这也从侧面反映了唐代前期对外交往的广泛程度。考古发现，中唐以后工匠们才开始广泛使用氧化钴，这时他们可能已经掌握了提炼氧化钴的技术。

　　安元寿墓出土的这件蓝彩女立俑，因年代较早，珍贵至极；并以其寓秀气于丰腴之中、亭亭玉立的神韵和稀有的蓝彩成为唐三彩中的佼佼者，是一件具有时代气息的代表作。

白陶天王俑其一

白陶天王俑

白陶天王俑有两件，1972年出土于李贞墓。一个天王俑高121厘米，竖眉怒目，抿嘴，头偏右俯视。右手握拳，拳内有孔，以插所持兵器。右衣下角有墨书的"丐"字。脚踏一秃头小鬼。另一个天王俑高129厘米，头戴云边翻檐鹖冠，鹖首前伸，颈后敛，高竖双翼。天王鼓目突睛，右向睥睨怒视，八字胡上翘。身着圆领战袍，外披裲裆甲，顶肩至腰部束两匝"工"字形带，腹下勒绳状粗带。颈部围有护领，两肩有护膊，内穿箭袖。甲附双护胸。下着踏祕（膝裤），腿裹护甲，足穿云面长勒靴，脚踏一小鬼。小鬼兽面人身，竖发为火炬状，双耳尖突外伸，獠牙外露，趾如"M"形，叉坐于椭圆形托座上。

两天王俑均施粉彩绘，由于触土年久，彩绘剥落殆尽。但从遗斑来看，原应涂有朱红、翠绿、深红、土红等四色，头盔贴金。两俑都身着由魏晋南北朝以来的明光铠演变而来的甲饰，呈现出力大无穷之态。

白陶天王俑其二

彩绘文官俑（局部）

彩绘武官俑（局部）

彩绘文官俑和武官俑

彩绘文官俑和武官俑，均高 114 厘米，1972 年出土于李贞墓。

文官俑头戴高冠，冠饰缠枝宝相花纹，穿朱色高领交衽阔袖长衫，高领的外襟边及袖边饰连续宝相团花图案，朱红色长衫下边饰蔓草宝相石榴花纹，束白色腰带，下着白色裳，足蹬高头如意履，履饰蔓草花纹。双手持璋于胸前，面容温和，肃然恭立。

武官俑头戴鹖冠，冠饰缠枝花纹，穿紫色外翻绿色高领阔袖交衽长衫，高领饰连续宝相花纹，紫色长衫边为素色，饰缠枝图案，内穿朱色圆领衣，束白色腰带，下着白色裳，足蹬黑色高头如意履，头稍偏右侧。双手持珪于胸前，双眉紧皱，双目圆睁，神情冷峻。

两俑所穿高头履，在上朝行走时，能托住垂到地面的朝裙，防止踩踏到朝裙而跌倒失态；翘起的鞋头也能避免走路时脚下因碰到异物而受伤。

彩绘文官俑

彩绘武官俑

三彩马俑

　　这件三彩马俑长65厘米,高78厘米,1972年出土于李贞墓。马闭嘴有镳,平视,绿色络头,头饰当卢,剪鬃缚尾,赭黄色鞍,绿色鞯和障泥,前有攀胸后有鞧,饰杏叶和缨络图案,马尾处有扣。静立于踏板上,两边各垂一马镫。

　　金属马镫出现于十六国、南北朝时期,中国是最早使用马镫的国家。马镫的使用,不仅减轻了骑者的劳顿,更重要的是改变了战争的方式,从而带动了社会生活方式的变化。马镫在隋、唐时期已经被普遍使用,这件三彩马俑为我们提供了实例。马是唐人生活中不可或缺的部分,昭陵陪葬墓中出土了许多三彩马,反映出唐人对马的喜爱。

三彩马俑（局部）

三彩火焰纹碗

三彩火焰纹碗高 6 厘米，口径 17 厘米，1972 年出土于李贞墓。敞口，深腹，圈足。碗内在白胎底上施豆绿色彩，空下火焰纹，在火焰纹的内边沿又晕染土赭色彩焰纹。碗外侧四周同样在白胎上施豆绿色彩，空下火焰纹，但火焰纹中没有晕染其他图案。碗底露白胎。

火焰纹来源于佛教，古代佛像背光多饰有火焰纹。随着时间的推移，火焰纹逐渐从佛像中分离出来，成为单独的装饰图案。

这件三彩火焰纹碗，是唐代火焰纹三彩中较为出彩的，特别是以白胎的端庄、清丽衬托出火焰纹的流畅、圆通，更添观赏之趣。这一时期火焰纹三彩的特征是器型端、润、雅，不拘泥于佛教纹饰本身，讲究自然、天真、烂漫，只在碗的内外布局中赋予多种变化，使三彩火焰纹碗的艺术价值更高了一层。李贞墓出土的这件三彩火焰纹碗兼具艺术性和观赏性，是当时三彩器皿中的上乘作品。

三彩火焰纹碗

三彩骑马乐俑

三彩骑马乐俑长 34 厘米,通高 29 厘米,1972 年出土于李贞墓。乐俑头戴白色风帽,身穿右衽阔袖长袍,束腰,脚蹬尖头靴,身前右侧有一小高鼓,双臂抬起作击鼓状,手有小孔,已失所持之物。马头左偏,绿釉鞍鞯,剪鬃束尾。此骑马乐俑通体施以褐色为主的绿、黄、褐三彩釉,俑头部无釉。釉色温润柔和,人、马比例协调,形象生动逼真,栩栩如生。

三彩俑作为唐代贵族墓葬中的明器,注重表现墓主人生前的奢侈生活。这件三彩骑马乐俑,就是当时贵族仪仗中鼓吹乐的再现。唐代贵族生前所享受的仪仗也适用于丧葬中,是唐人"视死如生"理念的反映。这件三彩骑马乐俑,为我们研究唐代人物雕塑艺术、音乐舞蹈艺术等提供了宝贵的实物资料。

三彩女骑马俑

　　此俑长 28.5 厘米，通高 33 厘米，1972 年出土于李贞墓。女俑头戴饰有连枝梅花图案的翻檐胡帽，身穿圆领窄袖襦衫，外套半臂，系长裙，足蹬小蛮靴，骑在没有缰络的马上。柳眉凤目，朱红点唇，面部圆润丰满，俑身为朱、黄、绿三彩相融。马剪鬃缚尾，通体施赭黄色釉，头左后倾，张口喘气，肌腱清晰，形体肥硕浑圆，有一种静中寓动的力度美。

　　这件三彩女骑马俑形神兼备，雕塑家运用雕塑特有的手法，塑造出一个来自大唐皇家的贵妇形象。女俑眉清目秀，身材窈窕，着胡装，秀美之中平添了几分男子的潇洒与英挺，别有一番风韵，体现了强烈的时代感。她骑在没有缰络的马上，马急速小跑后停下来，她右手捂在胸前，表现出骑马嬉戏后的自信，以及快乐、幸福的生活情景。

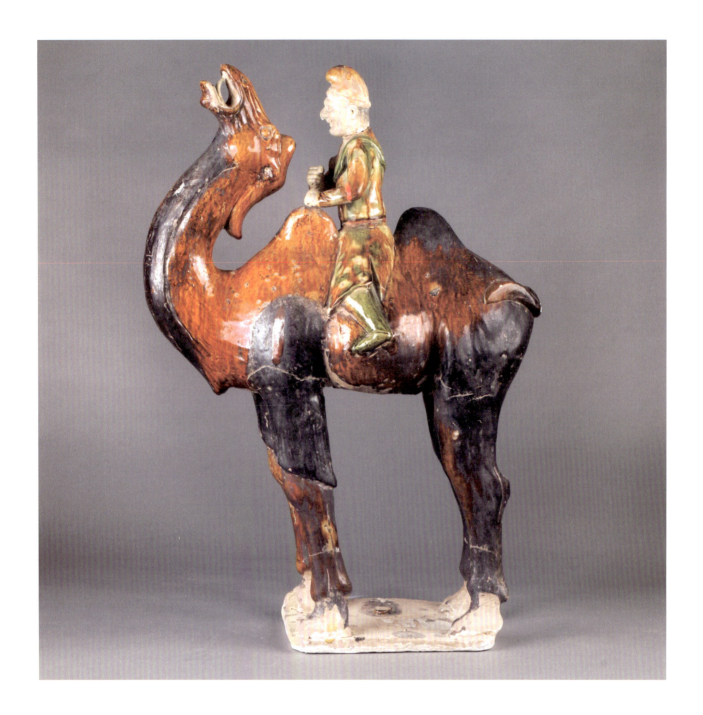

三彩男骑驼胡俑

此俑1982年出土于32号墓,长53厘米,高73厘米。俑头戴胡帽,深目高鼻,面带微笑,内着窄袖衫,上套半臂,外穿翻领长袖长袍,左臂穿长袖,右臂未穿,右翻领及右长袖披于后背,束腰,双手握拳置于胸前,作牵驼状。脚蹬靴,帽及衣施黄、绿、褐色釉。驼引首张口,舌尖抵上颚,朝向天空嘶鸣,尾部贴身左甩。驼头顶、脖颈下、双峰、尾及四肢施深褐色釉,其余部位施黄褐色釉。此骑驼俑形体高大,做工精细,形象生动传神。

此胡俑穿胡袍只穿一只袖子。中国新疆和中亚地区地形复杂,海拔很高,气候变化非常大,唐代长期生活在那里的人形成了自己独特的生活习惯,也创造出独特的服饰——胡袍。高原气候,昼夜温差大,中午天气热,就脱下一只袖子凉快。此外,因为这里的人们一般用右手劳作,穿着胡袍不方便干活,于是脱下右边的袖子置于后背,便于劳作。这件三彩男骑驼胡俑真实地再现了当时胡人的服饰及生活习性。

中篇

琬琰流芳

温彦博碑

温彦博碑

唐贞观十一年（637年）十月立。原存于陕西省礼泉县烟霞镇山底村南约300米处温彦博墓前，1975年移藏昭陵博物馆。碑身首高346厘米，下宽114厘米。岑文本撰文，欧阳询奉敕书丹，共36行，满行77字。碑额篆书阳刻"唐故特进尚书右仆射虞恭公温公之碑"4行16字。碑两侧有浅减地线刻二方连续忍冬纹，最下端有一兽面，周围刻联珠纹。碑在中下部断为两截。

此碑文记述温氏家族谱系、生平历官颇详。清代藏书家、金石学家陆心源所编《唐文拾遗》收有此碑文，几近完全。考其文字，虽基本可信，然其中仍有不少明显的脱漏错讹，有待考证。此碑至宋时碑文已泐灭严重，仅存上半部分，所存最古之本仅收800余字。碑文书法为欧阳询晚年力作，法度严谨，于平正中见险绝，于规矩中见飘逸，结构独异，笔法精妙，为现存唐碑之上品。明孙鑛在《书画跋跋》中说："丰人翁谓中楷当以信本《虞公碑》为第一，……真具有八面之妙。"明赵崡在《石墨镌华》中评论："此碑字比《皇甫》《九成》差小，而结法严整，不在二碑下。"

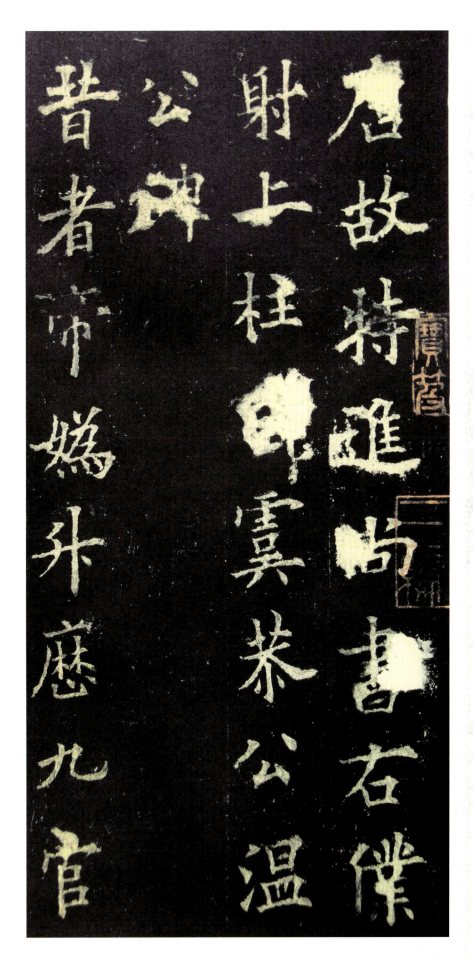

房玄龄碑

唐永徽三年（652年）立，原存于陕西省礼泉县昭陵社区刘东村北约300米处房玄龄墓前，1975年移藏昭陵博物馆。螭首方座，两侧有浅减地线刻忍冬纹，两侧棱有联珠纹。碑身首高373厘米，下宽137厘米。碑文共35行，满行81字，为褚遂良正书，记述碑主房玄龄生平甚详，现已泐灭殆尽，仅上半截局部余字尚可观。碑额阳文篆书"大唐故左仆射上柱国太尉梁文昭公碑"16字。

此碑为褚遂良50余岁精熟之作，笔法瘦硬刚挺，风格秀逸婉柔，运笔劲健流畅、变化多姿，昂右垂左或昂左垂右，貌似殊乖而未离方轨，顺势出形，飒爽挥霍。明赵崡在《石墨镌华》中评价此碑："结法与《圣教序》同，可宝也。"杨震方在《碑帖叙录》中评价此碑："历来为褚遂良书中杰作。书酷似《雁塔圣教序》，但较《圣教序》为优。笔力劲瘦，韵格超绝。"

李勣碑

唐仪凤二年（677年）十月立，现存于昭陵博物馆院内李勣墓前。碑身首高570厘米，下宽180厘米，厚54厘米，螭首龟趺。碑额篆书题刻"大唐故司空上柱国赠太尉英贞武公碑"，唐高宗李治撰文并书丹。碑文为行草，共32行，每行110余字不等。

此碑是昭陵碑林中现存的最高、最大的石碑，也是昭陵碑林中现存的唯一一通皇帝御制御书的石碑。唐高宗李治的书法模仿王羲之《兰亭序》，因而此碑书法艺术价值极高，为后人研究"二王"书法提供了稀有的范本。此碑书法潇洒飘逸，点画遒美，潇洒中不失沉着，为唐代行草书之代表。李治以行草入石，是中国历史上第二个用行草书碑之人，其父唐太宗李世民为历史上以行草书碑第一人，有《晋祠铭》《温泉铭》二碑。

李勣碑的书法艺术为历代金石学家所称道。明赵崡在《石墨镌华》中评价此碑："行草神逸机流，后半尤纵横自如。"杨震方在《碑帖叙录》中论及此碑云："唐高宗书法受唐太宗熏陶，笔致神采奕奕，后半尤见纵横笔势，有晋人风度。"

《杨恭仁墓志》志文拓本（局部）→

杨恭仁墓志

1979年秋出土于陕西省礼泉县烟霞镇山底村东杨恭仁墓。志盖厚14厘米，底边长88厘米，盖面篆书题刻"大唐故特进观国公杨君墓志"，四杀饰四神图案。志石边长88厘米，厚15厘米。志文正书37行，满行37字，四侧饰十二瑞兽图案。

此墓志记载了杨恭仁之家族谱系、生平历官情况。杨恭仁，弘农华阴（今陕西华阴）人，为隋朝宗室、关陇士族，北周大象二年（580年）以门荫入仕，赐爵武阳县开国公，授仪同大将军。隋开皇元年（581年），进封成安郡开国公，后历左宗卫车骑将军、工部侍郎、吏部侍郎等。武德初归唐。贞观十三年（639年）薨，谥曰"孝公"，陪葬昭陵。杨氏在《新唐书》和《旧唐书》中有传，志文可与史料互校。

此墓志书法具有明显的欧阳询书法的特点，点画刚劲有力，兼带婉润，中宫紧收，略有欹侧，恰到好处。

大唐故特進觀國公墓誌
維貞觀十三年龍集己亥十二月己巳廿日特進觀國公薨於京城宅
漢太尉震十八世孫玉環門慶貽蘭葉於終古金鉉世功望台階以增
日之明隆培風之翼賢哲莫能免鬼神不之測嗚呼哀哉公諱
雍州牧司徒觀德王遠符台象必復公門緯武經文書懿城信公蹈義屍
守光祿大夫安邊訓俗箸循良貽南史大父大將軍儻城王府銘鍾
英靈應昴宿之術皆詳星折衝樽俎極備管弦雖楊礱布言之蓋言之不能盡
安上治人之術皆詳諸典策昭備管弦雖楊礱布言之盖言之不能書
賜爵武陽縣開國公尋授儀同大將軍開皇元年進授宗正少卿尊祖
壽三年除甘州刺史綏邊懷遠式清寇虐其年徵授封成安郡開國
侍郎六年從吏部侍郎工役之地未允具瞻銓衡之舉用詰物議公門
之簡要得茂曾之清遠代小選未之有焉九年授謁者大夫十
閱鄉功授正議大夫十一年授遼東道行軍摠管破高麗軍三萬
河南道黜陟大使仍從煬帝巡幸江都及還臣縱毒遂為寧文化及
及正拜上柱國龔爵觀國公武德二年春三月仍除黃門侍郎十月
綸誥典綜樞機享鮮之要刃斯在王化伊始西域未賓授公河西省
管內刺史以下皆得便宜從事隨方選補李軹窺據涼州不賓
籌制勝剋平西夏李軹懸遠貢納是赤水安流玄珠重譯俯貽
賀挫威朝廷將發賞典公乃表請回授第六弟威騎都尉六年四月

韦贵妃墓志

1991年出土。志盖厚19厘米,底边长84厘米,盖面篆书题刻"唐太宗文皇帝故贵妃纪国太妃韦氏铭"。志石边长84厘米,志文正书39行,满行38字。志盖与志石表面局部剥蚀。

韦氏名珪,字泽,京兆杜陵(今陕西西安)人,北周名将韦孝宽曾孙女。武德年间为秦王妃。贞观元年(627年)四月册拜为贵妃。生女临川公主李孟姜、子纪王李慎。永徽元年(650年)正月册拜为纪国太妃。麟德二年(665年)九月薨,享年69岁,乾封元年(666年)十二月陪葬昭陵。韦氏在《新唐书》和《旧唐书》中无传,志文可补史料之阙。

此墓志撰文者为令狐德棻,无书丹者姓名。志底书法酷似褚遂良书法,但又有王羲之书法的韵味,如"荼毒"二字与王羲之《丧乱帖》中的"荼毒"二字极为相似,"将""嗟""和"等字又和《兰亭序》中的这几字如出一人之手。

《韦贵妃墓志》志文拓本

长乐公主墓志

1986年出土于长乐公主墓。志盖厚12.2厘米,底边长98厘米,盖面篆书阴刻"大唐故长乐公主墓志",四杀饰四神图案。志石边长98.1厘米,厚13.5厘米。志文正书33行,满行33字,四侧饰十二生肖图案。志盖左下角残缺。志石已碎为数块,缺左上角。

此志盖篆书用笔方圆并用,一个字中有方有圆,如"唐""长""乐""公"等字。"故"字处理得非常险峻,左边"古"旁上面的"十"字竖画并不在下面"口"字的中间,而是在"口"字的右边,使整个字重心偏右,为右边"攵"旁下面留下空间,中宫紧敛,较具向心力。入笔方笔居多,出锋后空中收笔。志石楷书书法近于欧阳询书风。

韋挺監護守鴻臚少卿雀仁師為副
蘭儀於白楸寧葳玉匣鑿松扃於丹
俳佪長崝巍闕丹施蔘蔚直拍恭園
詞曰
雲金楨星列玉葉雲敷
玉筭耀首銀河警策築館大
生鴛景年催孔歎鑒門術彈仙壇
結綱綺帳生颷錦機字減寶鏡羮銷
盤山開馬獵龍積寒草松任霜葉獨

《長乐公主墓志》志文拓本（局部）

阿史那忠墓志

1972年出土于陕西省礼泉县烟霞镇西周村西南阿史那忠墓。志盖厚15.5厘米，底边长76.5厘米，盖面篆书题刻"大唐故右骁卫大将军赠荆州大都督上柱国薛国公阿史那贞公墓志之铭"。志石边长76.5厘米，厚15.5厘米。志文正书44行，满行44字，秘书少监崔行功撰文，无书丹者姓名。

阿史那忠在《新唐书》和《旧唐书》中有传，然失之简略，志文可补史料之阙。此墓志为昭陵出土的墓志中为数不多的少数民族将领墓志。墓志书法近于欧阳询书风，平正婉通，娟秀凝练，又有一些丰腴浓润的圆融感，为唐人小楷中的上乘作品。尤其是志盖上的篆书，刀法精准，遒劲有力，入石三分，犹如千钧强弩、万石洪钟，是昭陵陪葬墓出土的墓志盖中字口最深的一件。

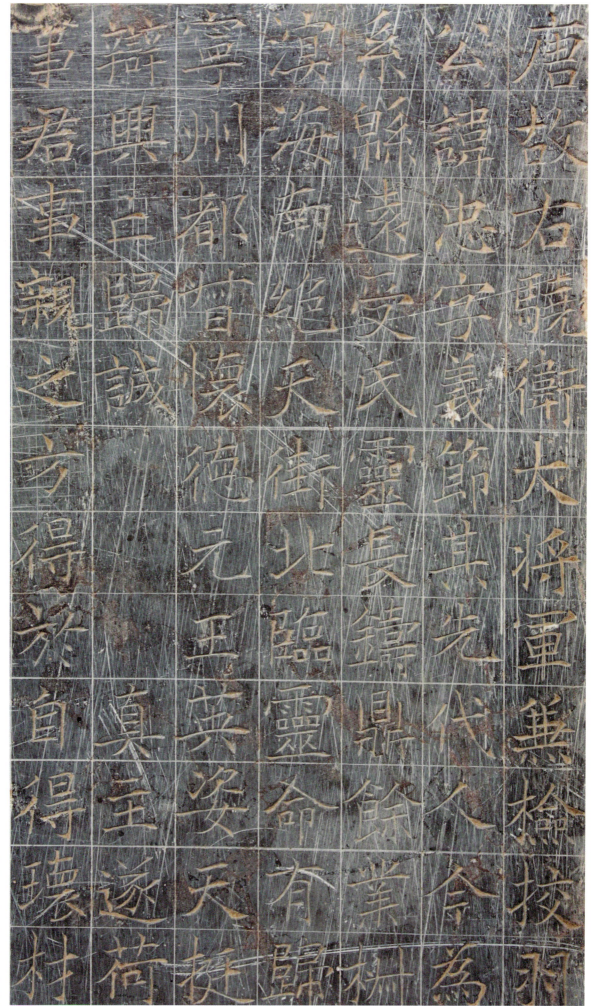

《阿史那忠墓志》志文（局部）

李震墓志

　　1973年出土于陕西省礼泉县烟霞镇西二村东李震墓。志盖厚13.1厘米，底边长83.3厘米，盖面篆书阴刻"大唐故梓州刺史使持节定国公之墓志"，四杀饰四神图案。志石边长83.3厘米，厚12.4厘米。志文正书37行，满行37字，四侧饰十二生肖图案。

　　此墓志记述李震家族谱系、生平历官颇详。李震在《新唐书》和《旧唐书》中无传，其事迹附记于《新唐书》和《旧唐书》的《李勣传》中，志文可与史料互校。

　　此墓志书法近于褚遂良书风，用笔厚重而不失灵动，在入木三分中又表现出用笔的轻盈，静中寓动，一铺一收灵活自然，轻盈超逸中透着沉着温厚，线条涩而不滑，在法度之中灵动飘扬，轻沉健涩相结合。点画厚实，结体因字赋形，大小相间，欹正互补，又不乏舒展、雅致和生动，可谓昭陵博物馆馆藏墓志中法与意天然合一的佼佼者。

《李震墓志》志文拓本

王君愕墓志

1972年出土于陕西省礼泉县昭陵社区庄河村南约650米处王君愕墓。志盖厚21.2厘米，底边长89.2厘米，盖面篆书题刻"大唐故幽州都督邢国公王君之墓志铭"，四杀饰四神图案。志石边长89.2厘米，厚13.5厘米。志文正书31行，满行31字，四侧饰十二生肖图案。

此墓志记述王君愕家族谱系、生平历官颇详。王君愕，武安邯郸（今河北邯郸）人。隋末聚众乡里，武德初投唐，授大将军，兼领校尉，拜上柱国。后以军功历授玄真府别将、左翊卫中郎将，不久后又进爵为公，拜右领军将军、左武卫将军。贞观十九年（645年），随唐太宗征辽，当年六月阵亡，享年51岁，追赠左卫大将军、幽州都督，进爵邢国公，同年十月陪葬昭陵。

此墓志小楷书法，点画清朗，结体端美，峻严挺拔，骨秀肌丰。

薛赜墓志

1974年出土于陕西省礼泉县烟霞镇西页沟村西南约500米处薛赜墓。志盖厚11.6厘米，底边长53.5厘米，盖面篆书题刻"唐故中大夫紫府观道士薛先生墓志铭"，四杀饰四神图案。志石边长53.5厘米，厚9.5厘米。志文正书29行，满行30字。

此墓志记述薛赜籍贯、历官颇详。薛赜，黄州黄冈（今湖北武汉新洲区）人，通天文历法，尤好道术。贞观中授太史丞，迁太史令，后上表陈诚，解官归隐山林。唐太宗诏授他为中大夫，为他在昭陵附近筑紫府观让他居住。贞观二十年（646年）十月亡故，同年十二月陪葬昭陵。薛赜在《新唐书》和《旧唐书》中有传，志文可与史料互校。

此墓志书法有魏晋风骨，妙趣天成，笔致流美，结体洒落，天真烂漫，风神超逸，艺术价值和审美价值极高。

李思摩墓志

　　1992 年出土于陕西省礼泉县昭陵社区庄河村西北李思摩墓。志盖厚 8.2 厘米，底边长 64.3 厘米，盖面篆书题刻"唐故右武卫将军赠兵部尚书李君铭志"，四杀饰四神图案。志石边长 64.5 厘米，厚 13.5 厘米。志文正书 34 行，满行 35 字，四侧饰十二生肖图案。

　　此墓志记述李思摩家族谱系、生平历官颇详。李思摩本姓阿史那，突厥贵族。武德三年（620 年），与突厥颉利可汗一同战败，被擒归唐，赐姓李氏。贞观二十一年（647 年）薨，享年 65 岁，同年四月陪葬昭陵，追赠兵部尚书、夏州都督，谥曰"顺"。李思摩在《新唐书》和《旧唐书》中有传，志文可与史料互校。

　　此墓志书法有隋人墓志书法的韵味，刚劲险绝中不失灵动，具有天真烂漫的自然神韵，为唐人小楷书法之佼佼者。

统毗伽可贺敦延陁墓志

1992年出土于李思摩墓。志盖厚13厘米，底边长59厘米，盖面篆书题刻"唐故李思摩妻统毗伽可贺敦延陁墓志"，四杀饰四神图案。志石边长59.5厘米，厚10.5厘米。志文正书25行，满行25字。四侧浅刻壸门，内饰十二生肖图案。

此墓志记述延陁氏族谱及生平颇详。延陁氏为薛延陁部延陁族人，嫁于突厥贵族阿史那思摩。贞观三年（629年），同夫阿史那思摩投唐，贞观十二年（638年）诏授统毗伽可贺敦（北方少数民族可汗正妻，犹汉人之皇后）。贞观二十一年（647年）八月薨，享年56岁，诏令与夫李思摩合葬。延陁氏在《新唐书》和《旧唐书》中无传，志文可补史料之阙，对于研究隋、唐时期北方少数民族历史有一定的参考价值。

此墓志书法有六朝、北魏、隋人的书法风骨，古拙之中不失潇洒和灵动。

段蔺璧墓志

1974年发现，1978年出土于陕西省礼泉县烟霞镇张家山村北约100米处段蔺璧墓。志盖厚10.5厘米，底边长65厘米，盖面篆书题刻"大唐故邳国夫人段氏墓志铭"，四杀饰四神图案。志石边长65厘米，厚19厘米。志文正书35行，满行35字，四侧饰十二生肖图案。

此墓志记述段氏家族谱系及生平颇详。段氏名蔺璧，字景娘，辽西令支（今河北迁安）人，父为驸马都尉段纶，母为唐高祖第四女高密公主。段氏嫁于长孙顺德之子，为邳国夫人，永徽二年（651年）四月病亡，享年35岁，同年八月祔父茔而葬昭陵。段氏在《新唐书》和《旧唐书》中无传，志文可补史料之阙。

此墓志书法具有欧阳询书风，用笔方圆兼备，行笔间尤有篆籀之气；结体上具有北齐风格，高古劲峭，端庄大气；行间布白自然，有潇洒飘逸之态。

唐俭墓志

1978年3月出土于陕西省礼泉县烟霞镇西页沟村东南约400米处唐俭墓。志盖厚12.5厘米，底边长73.5厘米，盖面篆书题刻"大唐故开府仪同三司特进户部尚书上柱国莒国公唐君墓志"，四杀饰四神图案。志石边长73.5厘米，厚11.8厘米。许敬宗撰文，志文正书46行，满行45字，四侧饰十二生肖图案。

此墓志详细记述了唐俭的家族谱系及生平历官情况。唐俭为唐三朝元老，《新唐书》和《旧唐书》中有传，志文可与史料互校。

此墓志书法在欧阳询、褚遂良之间，险绝之中不失理法，大气豪迈而不失潇洒，自然天真，为唐人墓志书法之精品。

《张士贵墓志》志文拓本（局部）→

张士贵墓志

1972年1月出土于陕西省礼泉县烟霞镇马寨村西南约300米处张士贵墓。志盖厚16厘米，底边长98.5厘米，盖面篆书题刻"大唐故辅国大将军荆州都督虢国公张公墓志铭"。志石边长98.5厘米，厚15.5厘米。上官仪撰文，张玄靓正书，共55行，满行57字。

此墓志记述张士贵家族谱系、生平历官甚详。张士贵在《新唐书》和《旧唐书》中有传，然均简略，志文可补史料之简。

此墓志书法近褚遂良书风，线条刚劲有力，苍茫中不失灵动。书丹者张玄靓，史书中无记载，目前发现此墓志为其唯一的书法作品。观其书迹，当为唐人不可多得的书法珍品。

遼海王師庭代屬想人雄勅為遼東道行軍總管授金紫光祿
軍行左屯衛將軍鑾駕凱旋之日令公後殿至并州轉右屯衛
屬授茂州都督雅邪等州山獠為亂以雅州道行軍總管所屆
載清事平拜金紫光祿大夫楊州都督府長史干圻與都會列
儲禮樓鎮慎丞魚靡入梵絲戴理鳳諧者蒙謹交戲惟材方勞
綽禮櫻軍大將軍封如故祿珌防閣等一洞京官職事六年加義
狀孜劍遶寅漢於萬泉於六月三日終于洞南縣之里義諡公
之悲何巳贈軍四州詣軍州
還仍分京官四品五品內大將軍使持節都督前碩蜀等四州諸軍事蕑
下寒霞集於原阡橋嶺之前凄人攎鴻艫卿監謹諡易名考行
信之介胄涵仁義之三戒吹憤於膝室淮公氣淹夏表鴦
巾在飾臨王樹於長粉澤檀兵戟之三術彈於武略之五材射隼開弦飛
柏雄奇誰分夏屋之延琱戈靡糵壁輝於悲谷嗣子右衛郎將
擢稱一祺白誰新分誰祖惟考綵德珂故勒兹玄礎礎永刎徽塋其銘曰
均趙日昔進世牧退潛名賁三其黃星皎睨玄石表家劍留
黑山旋賓聲駈勇効光神速行絕雲霞方驚陵陸其剖符命駕細柳
里揮金牟歲握繫懷鋑紉蘭扈薛奄謝東徹長歸北帝石陣空留銅
閣千祀方傳其銘

尉迟敬德墓志

1971年冬出土于陕西省礼泉县烟霞镇尉迟敬德墓。志盖底边长120厘米，盖面以飞白书题刻"大唐故司徒并州都督上柱国鄂国忠武公尉迟府君墓志之铭"，四杀饰缠枝牡丹纹。

飞白书亦称"草篆"，源自八分隶书，书写方法特殊，笔画中隐隐露白。张怀瓘《书断》云："案飞白者，后汉左中郎将蔡邕所作也。"北宋黄伯思称："取其若丝发处谓之白，其势飞举谓之飞。"其别具新意的点画形式使端庄平稳的隶篆笔画变得飘忽飞动。此志盖书法是昭陵博物馆馆藏石刻书法中唯一一件唐代硬笔书法，也是唐人的笔法图。

志石边长120厘米，四侧饰十二生肖图案，间饰宝相石榴祥云纹。志文正书，共47行，满行50字，记述了尉迟敬德的家族谱系。其书法既有魏晋南北朝真书的古质、厚实、苍茫，又兼具行草书的飘扬、灵动、雅致，遒劲健拔，秀媚飘逸，端庄中有俯仰之势，欹侧处含平正之态，可谓唐楷中理与意合一的神品。

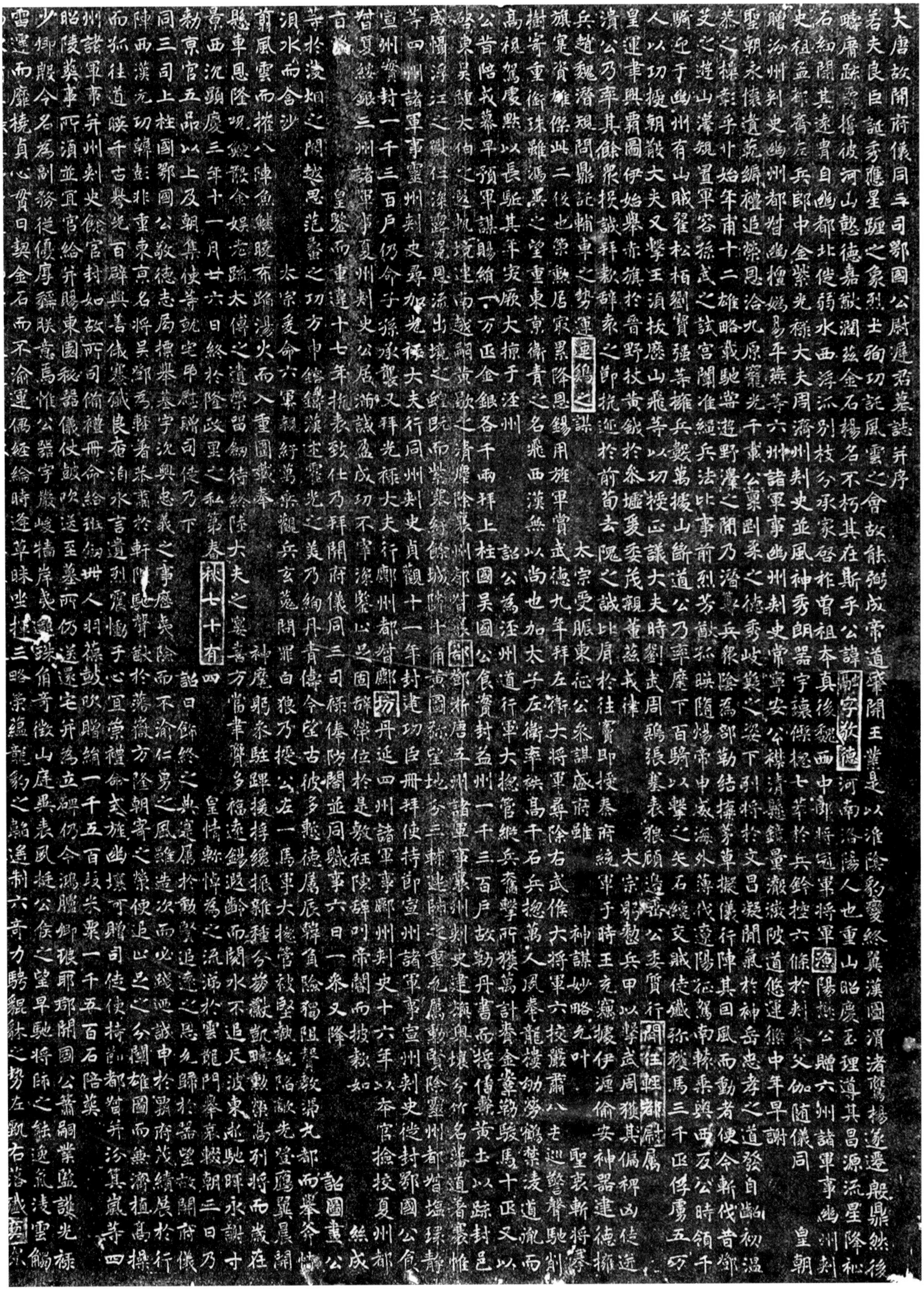

《尉迟敬德墓志》志文拓本（局部）

《苏氏墓志》志文拓本（局部）→

苏氏墓志

1971年冬与尉迟敬德墓志同时出土于尉迟敬德墓。志盖厚18.5厘米，底边长99.5厘米，盖面篆书题刻"大唐故司徒并州都督上柱国鄂国忠武公夫人苏氏墓志之铭"，四杀饰缠枝牡丹纹。志石边长99.5厘米，厚18.5厘米。志文正书，共34行，满行34字，四侧饰十二生肖图案，间饰宝相石榴祥云纹。

此墓志记述苏氏家族谱系及生卒情况颇详。苏氏，名斌，京兆始平（今陕西兴平）人，汉名臣苏武之后，嫁于尉迟敬德。隋大业九年（613年）五月病故，享年25岁，葬马邑郡（今山西朔州）。显庆四年（659年）四月葬尉迟敬德于昭陵陵园时，诏令迁苏氏之柩与敬德合葬。苏氏在《新唐书》和《旧唐书》中无传，志文可补史阙。此志书法在欧阳询、褚遂良之间，浑厚中不失灵动之飘逸。

大唐故司徒公幷州都督上柱國鄂國公夫人藺氏墓誌銘幷
夫人諱妶京兆人也天表慶北正啓其昌源括地開基爲海
應三古焉旂常之緒蟬聯鍾鼎之盛豈陳留簡多魏巫安
烈聞居周則蘇秦以遊說顯漢閣圖庸子鄉頭名臣之列魏
祖毅後當魏金紫光祿大夫卿贈興州諸軍事興州刺史
紫垂芳年吐符遂惟幄之謀既殁表泉縈祖父吉齊南安王
川子竹管使龕山啓隩譽光石室威蹕詞林父諶齊秘書
檀州諸軍事檀州刺史柱國樂陵縣開國侯恭柔朗月氣韻
又稟之歲逰公宮少挺開婉之姿風表於張葴展之資
人靈華族秘典則彩固笛速於曺珪䍐覆於栢朝觀詩既茂
之志履心敬松篠以垂節飾貳莢以潤已爰首歲華宗來儀盛
莕藻恭朝夕移筠孝養於師資婉順於娣姒德色隨闈闡化
局頻惑彼蘭闈方春落彩暎姑松資蓋先之秋姆色以隨大業
蕭難駐恩終於甲辰動馬邑之城驚斯松京鬵里之貞第春秋十
州八日詠賦長鄽而伊吕之先覺樠名吾鄧於後塵而懸車
之永謝思葛蕈而動重同
以位顯望之隆高德及

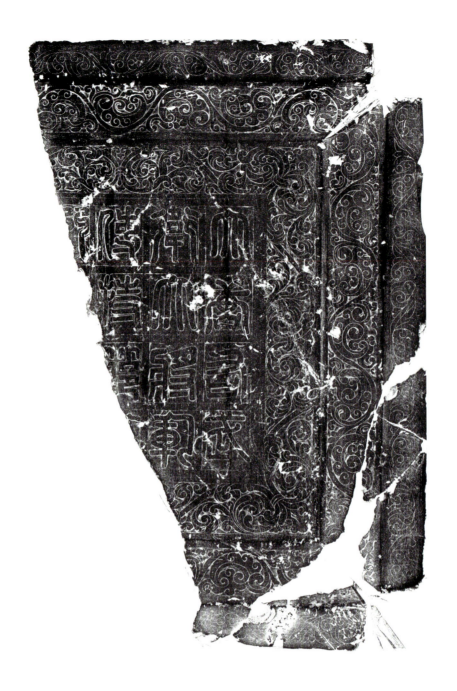

郑仁泰墓志

　　1971年出土于陕西省礼泉县烟霞镇马寨村西南郑仁泰墓。志盖厚12.5厘米，底边长72.5厘米，左半部残缺，可见篆书题刻"大唐右武卫大将军使持节"诸字。志石边长72.5厘米，厚13.5厘米。志文正书37行，满行37字，四侧饰十二瑞兽图案。

　　此墓志记述郑仁泰家族谱系、生平历官颇详。郑仁泰在《新唐书》和《旧唐书》中无传，志文可补史料之阙。

　　此墓志书法在王羲之、褚遂良之间，深受褚遂良影响，有些字的处理又受王羲之书法思想的影响颇深，当为昭陵博物馆馆藏唐人墓志书法之佼佼者。

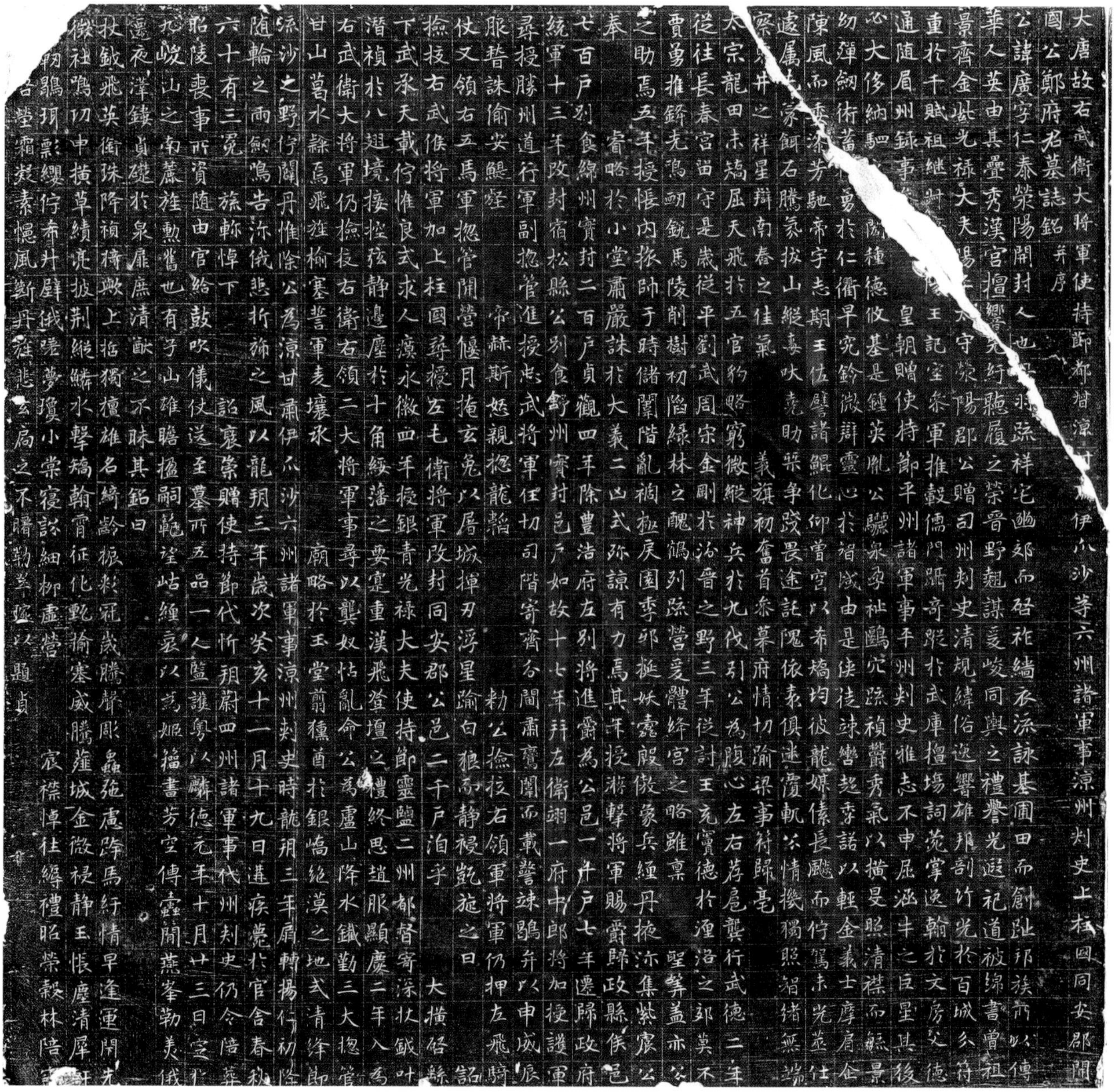

《郑仁泰墓志》志文拓本

程知节墓志

1986年4月出土于陕西省礼泉县烟霞镇老军营村西程知节墓。志盖厚15厘米，底边长78厘米，盖面篆书题刻"大唐故骠骑大将军卢国公程使君墓志"，四杀饰四神图案。志石边长78厘米，厚15厘米。志文正书45行，满行46字，四侧饰十二生肖图案。

此墓志记述程知节家族谱系、生平历官颇详。程知节在《新唐书》和《旧唐书》中有传，志文可与史料互校。此墓志书法飘逸灵动，天真烂漫，具有北魏书法遗风。

李勣墓志

　　1971年出土于陕西省礼泉县烟霞镇李勣墓。志盖厚15厘米，底边长86厘米，盖面篆书题刻"大唐故司空公太子太师赠太尉扬州大都督上柱国英国公李公墓志之铭"。志石边长86厘米，厚17厘米。刘祎之奉敕撰文，正书55行，满行54字。

　　此墓志记述李勣家族谱系、生平历官颇详。李勣在《新唐书》和《旧唐书》中有传，志文可与史料互校。

　　此墓志书法在欧阳询、虞世南之间，字径在昭陵博物馆馆藏墓志中是最小的，不到1厘米，但字字珠玑，后人难以企及。

《王大礼墓志》志文拓本（局部）→

王大礼墓志

　　1964年出土于陕西省礼泉县烟霞镇山底村北王大礼墓。志盖厚10.5厘米，底边长75厘米，盖面正书题刻"大唐故歙州刺史驸马都尉王君墓志铭"。志石边长75厘米，厚11厘米。崔行功撰文，敬客师正书，共41行，满行41字。志盖及志石表面局部剥蚀。

　　此墓志记述王大礼家族谱系、生平历官颇详。王大礼，字仪，河南洛阳（今河南洛阳）人。贞观时，以门阀入仕，蒙授宣节校尉、右千牛备身。贞观末，尚唐太宗第四女遂安公主，诏授驸马都尉，历绥州刺史、歙州刺史，总章二年（669年）二月卒，享年57岁，咸亨元年（670年）十月与先期陪葬昭陵的遂安公主合葬。王大礼在《新唐书》和《旧唐书》中无传，志文可补史料之阙。

　　此墓志盖楷书，字径10余厘米，具有欧书大气、肃穆、浑厚的特征，但比欧书略方，当为唐人大字楷书之精品。志底书法在欧阳询、褚遂良之间。书丹者敬客师，史书未载。唐代以书法取士，能书者众多，不免为巨公掩盖，但敬客师所书此墓志书法当为唐人书法精品之一。

大唐故使持節歙州諸軍事歙州刺史駙馬都尉王君墓誌銘并序

君諱大禮字儀河南雒陽人也郊禋弟子姜嫄興其遠慶河鳥傳音后

仙兩上賓遙開殊派綿三統菁華軒冕中朝雅俗謝其

馬都尉侍中驃騎大將軍開府儀同三司秦州惣管東雍等十二州惣

照台階化宣月楫傳說列星卻康不居餘頌述於武

三司商延亳二州刺史長往空垂光祿卿薨於行殿曩

南臺鈴萼其九漢雖邢山愴其大夫蘭菊父朗西郡

志言始望於漢皇士雲晚松檜而晉卿為其蕭菊父朗隨隴

緒櫨異昌桡開華水泛其晞記清詞於魏帝加以姻通渭潛

未假求裳佩鷙貞御取奇辯瀾荊岑資其潤黷遂使珠多尋

憑業豐豸疊美以射志以詩史戌學西京貴戚備身夜

展之朝暉 觀之時見招華闕蒙授宣節校尉右千牛

太宗薄伐逸東而君陪庵葡北聞高詠於

移棣非篇什武子十氣配既秋杼於星光升原鳳溪奉

太宗之弟四次也靈蚍誕配寶鬟合英慰翹颯溪神蕃乃

情於季女瑟絃如弟琴初減調蚍及賀於清陽而君稽稜塵

果毅近代降君如光儼倒加顯彌晚來尚主多惚枘絡洲詩

俠南承其邦邑鄭衍北拍榆中宣條之寄令鑾彼倭羈塋悵挍拎

赵王李福墓志

1972年出土于陕西省礼泉县烟霞镇严峪村西北赵王李福墓。志盖厚18厘米,底边长112.5厘米,盖面篆书题刻"大唐故赠司空荆州大都督上柱国赵王墓志铭"。志石边长112.5厘米,厚15厘米。志文正书41行,满行38字,四侧饰十二生肖图案。志石表面局部剥蚀。

此墓志记述李福家族谱系及生平历官颇详。李福,唐太宗第十一子,杨贵妃所生。咸亨元年(670年)九月薨,享年37岁。翌年陪葬昭陵。李福在《新唐书》和《旧唐书》的《太宗诸子传》中有传,志文可与史料互校。

此墓志书法雍容自如,用笔清劲,结字宽博,平正之中寓有变化,看似拙,实则巧,十分大气。

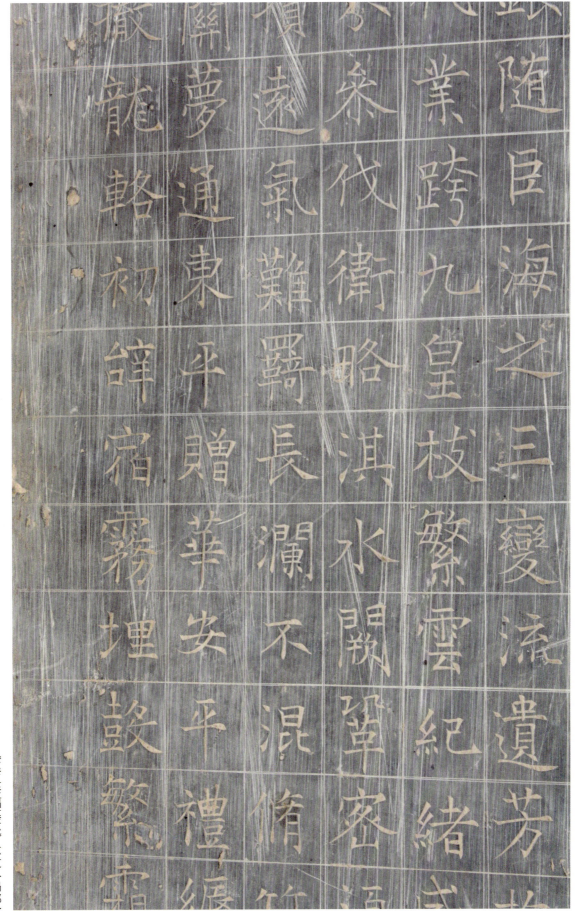

《赵王李福墓志》志文（局部）

越王李贞墓志

1972年秋出土于陕西省礼泉县烟霞镇兴隆村东李贞墓。志盖厚15厘米，底边长89厘米，盖面篆书题刻"大唐故太子少保豫州刺史越王墓志铭"。志石边长89厘米，厚16厘米。志文隶书，共30行，满行32字，四杀及四侧均饰瑞兽图案。

此墓志记述李贞家族谱系、生平历官颇详。李贞，唐太宗第八子，燕德妃所生，累封汉、原、越三王，历相州刺史、绛州刺史兼太子少保、绵州刺史、豫州刺史等。垂拱二年（686年）（实为垂拱四年，即688年）起兵反对武则天当政，兵败自杀，享年62岁。开元五年（717年）追谥敬王，翌年正月陪葬昭陵。李贞在《新唐书》和《旧唐书》中有传，志文可与史料互校。

此墓志为目前昭陵发掘出土的唯一一件隶书作品，书法近汉《曹全碑》，秀丽中不失苍茫，线条挺拔，刚柔相济，行笔提按顿挫，笔势圆熟潇洒，横画蚕头燕尾，逆势涩行，为唐隶之精品。

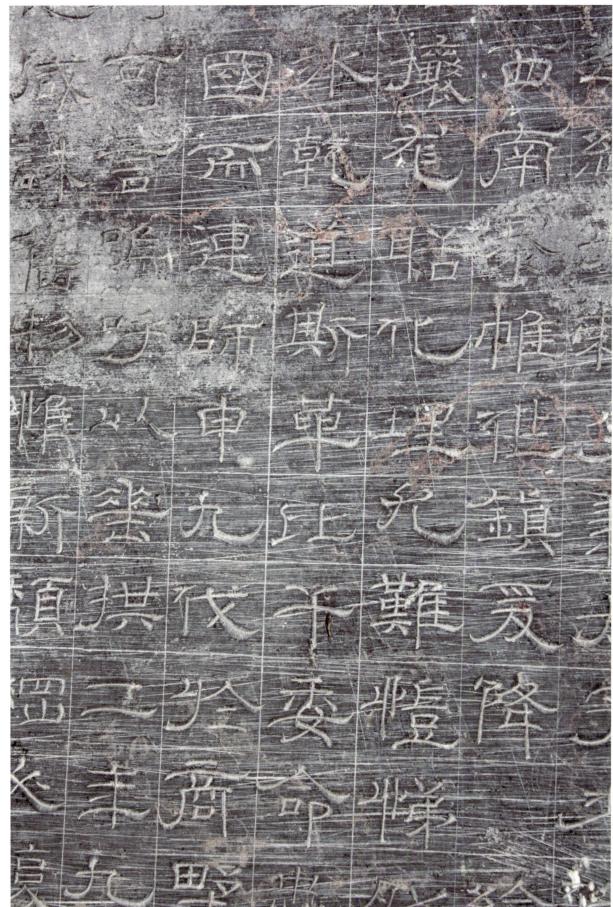

《越王李贞墓志》志文（局部）

临川郡长公主李孟姜墓志

1972年春出土于陕西省礼泉县赵镇新寨村北李孟姜墓。志盖厚17厘米，底边长89厘米，盖面篆书题刻"大唐故临川郡长公主墓志铭"。志石边长89厘米，厚19厘米。志文正书41行，满行42字。志石表面局部剥蚀。

此墓志记述临川郡长公主家族谱系及生平情况甚详。公主字孟姜，唐太宗第十一女，韦贵妃所生。贞观初，封临川郡公主，出嫁周道务。永徽初，援朝例封临川郡长公主。永淳元年（682年）五月薨，享年59岁，同年十二月陪葬昭陵。临川郡长公主在《新唐书·诸帝公主》中有传，志文可与史料互校。

此墓志书法在欧阳询、褚遂良之间，又具北魏书风的潇散和天真烂漫的艺术风格，当为唐人墓志小楷书风的代表作。

下篇 丹青流彩

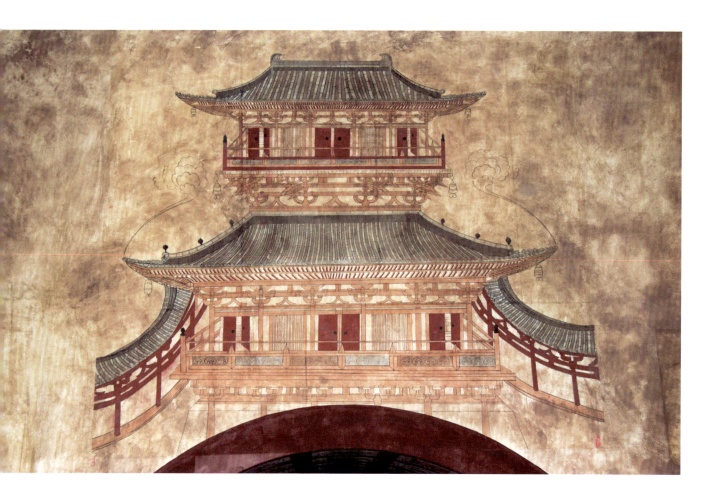

门阙图

在墓葬里绘制幕府官邸盛行于东汉,此后这一习俗长盛不衰。至唐代,在大型墓葬中绘制楼阁已成定制。这幅《门阙图》1990年出土于韦贵妃墓墓道北壁,高208厘米,宽231厘米。门阙为双层四阿顶双回廊全木结构。青瓦挑檐,屋脊两端饰有鸱尾,挑檐两侧有祥云飘动。底层和门洞相接,两边回廊供墓主人上下楼阁。上下两层之间由斗拱、人字拱连接,庄严肃穆,雍容华贵。

壁画中的所有构件都是先用线勾勒,再平涂填色,线条横平竖直,绘制得一丝不苟。整个门阙简洁明快,庄重大方。建筑风格突出,气势宏伟,严整又开阔,反映了唐代建筑艺术加工和结构的统一。斗拱硕大,使屋檐看上去显得更加深远;木柱较粗,体现了唐人的审美观;屋檐高挑上翘,而且翘起的屋檐分为上下两层,更显出木结构建筑的高大宏伟。斗拱的结构、木柱的形态和阙梁的加工都让人感到构件的受力状态与形象之间的内在联系,达到了艺术效果上力和美的统一。这幅壁画为今人研究唐代楼阁规模提供了难得的形象资料。

献马图

　　韦贵妃墓出土壁画有大小 70 余幅，从墓道至墓室，壁面上均绘有壁画。这幅《献马图》出土于韦贵妃墓第一天井东壁，高 140 厘米，宽 150 厘米。图中所绘两名少数民族男子卷发阔口，深目高鼻，身材伟岸，体格健壮，着民族服装。人物姿态非常生动，整个画面充满了力量感和动感。烈马仿佛遇到了生人而奋蹄怒嘶，两名男子其一紧按马头，其一牢抓马缰，怒目而视。画面真实自然，生动活泼，充满浓厚的生活气息，无论在用墨、布局、赋色还是意境上都达到了极高的境界。马肥壮硕大，筋肉丰美，造型简洁，写实性强，特别是刚劲有力的线条更有助于表现马的精神气质。透过这幅画的线条，我们可以窥见当时画师勾线运笔的轨迹。画师赋予线条以书法、哲学、美学、阴阳等的文化内涵，体现了中华民族中、正、大的整体思维特点。

执笏给使图

　　这幅壁画高 115 厘米，宽 70 厘米，1990年出土于韦贵妃墓第二过洞东壁。图中给使头戴黑色软脚幞头，身穿朱红色圆领窄袖加襕袍，束黑色腰带，足蹬黑色软皮靴。双手缩于袖内，执笏拱于右胸前，躬身微弯腰，作诉说状。根据面部的泪沟纹、法令纹、嘴角纹来看，此给使应是一位老者。

　　唐人在创作壁画时，有三种起稿方法：第一种为粉包起稿，第二种为过稿起稿，第三种为直接起稿。这幅壁画中给使的头部及脚部有明显的朱色起稿线，应为画师起稿时留下的起稿线。此幅作品用笔、用线讲究：眼眉先淡后浓，眼睛的上边沿先用淡墨，后用浓墨复勾，增加了上眼皮的立体感；衣袍是先勾线再设色，设色完成后再勾一次线条。此壁画当为当时绘画高手所作，是当前我国唐墓壁画发掘史上艺术水准较高的唐人绘画珍品。

给使图

在韦贵妃墓的几十幅壁画中，《给使图》以其高超的艺术水准颇受专业人士青睐。壁画高120厘米，宽45厘米，绘于第三过洞东壁。图中的给使头裹黑色幞头，身穿白色加襕袍，足蹬软革靴。双手缩于袖内，拱于胸前，两袖自然下垂，腰微弯。神情沮丧，欲行又止，心里好像在盘算着什么。画师以中国画特有的线条将宦官形象刻画得淋漓尽致。

《给使图》画面雅致，用笔、用墨非常细腻。眼眉先淡后浓，浓淡相交，不露痕迹。用笔似不经意，而飞动飘逸，兼有书法的篆、隶、楷、行、草五体笔法，从而增加了画面的丰富性。用墨以淡为主，而在衣袍贴身处用较浓之墨复提，以增加墨色的丰富性和画面的分量感。昭陵近年来出土的壁画，大多设色绚丽，富丽堂皇，装饰味很浓。《给使图》能在粗糙的白灰皮上表现出绢画的效果，非一般画师所能达到，因而推测此幅壁画很可能出自当时宫廷一流画家之手。

双螺髻侍女图

《双螺髻侍女图》出土于韦贵妃墓第四天井西壁龛南，高140厘米，宽84厘米。图中侍女头梳双螺髻，身穿橘黄色窄袖襦衫，外套红色圆领袒胸半臂，系褐色与淡蓝色相间条纹长裙，裙腰饰锦纹，足穿黑色如意履。左臂贴身垂下，右手屈于胸前，两手均缩于袖内，回首顾盼，徐步而行。

唐代双螺髻，髻式丰富多变，清丽秀雅，其状类似于春秋战国时期的螺髻，时称"把子"，是唐代侍女偏爱的一种简单大方的发式，尤其是宫廷侍女梳此髻者较多。双螺髻的梳法，是将头发分为两大股，盘结双叠于两顶角，亦名"双角"。在已发掘的昭陵唐墓壁画中，侍女梳这种发型的较多。

持簪侍女图

《持簪侍女图》高 95 厘米，宽 50 厘米，1990 年出土于韦贵妃墓前甬道西壁。图中侍女头梳双螺髻，面饰花钿，内穿淡红色圆领窄袖襦衫，披淡青色披帛，系双色套裙，内为绿色裙，外套红色长裙。左手持簪于胸前，右手提右边外裙一角，行走回眸。

簪是我国古代男女用来固定发冠的饰品，有金、银、骨、玉石、竹、木、陶瓷、铜等材质，《后汉书·舆服志》中有"黄金龙首衔白珠，鱼须擿，长一尺，为簪珥"的记载。《史记·滑稽列传》里说："前有堕珥，后有遗簪。"杜甫《春望》一诗中也有"白头搔更短，浑欲不胜簪"之句。汉、唐时发簪流行，唐以后各代流行不衰。唐代遗留下来的雕塑、石刻、绘画中，众多妇女都是插满花簪的形象。昭陵出土的壁画中有不少侍女都头饰发簪，为研究我国古代妇女服饰文化提供了丰富的资料。

捧手帕侍女图

《捧手帕侍女图》高 95 厘米，宽 55 厘米，1990 年出土于韦贵妃墓前甬道东壁。图中侍女头梳单螺髻，面饰花钿，上穿白色圆领窄袖襦衫，披淡绿色透明帛纱，系红白相间条纹的齐胸长裙，足穿高头如意履，双手捧一卷折整齐的手帕置于胸前。

帕为侍女随身携带的物品。汉代以帨为手巾，唐代以帕为手巾。唐《同昌公主传》云："纹布巾，即手巾也。洁白如雪，光软特异，拭水不濡，用之弥年，亦未尝生垢腻，……称得之鬼谷国。"又五代王仁裕《开元天宝遗事》云："贵妃每至夏月，常衣轻绡，使侍儿交扇鼓风，犹不解其热。每有汗出，红腻而多香。或拭之于巾帕之上，其色如桃红也。"手帕又称"绢子""鲛帕""鲛绢"等。这幅壁画中侍女所捧手帕，当为侍奉墓主人起居洗手脸的日常生活用品。

高髻侍女图

此图高 141 厘米,宽 94 厘米,1990年出土于韦贵妃墓墓室东壁。图中侍女头梳半翻高髻,阔眉,樱唇,穿紫色右衽敞领阔袖衫,袖口为青色,内衬白色抹胸、圆领襦衫,系红色长裙,束青色宽束带,足穿如意履。双手袖于腹前,呈徐徐行走貌。其面容的丰满、体态的丰腴、衫裙的宽大,在初唐女性造型中实不多见。

图中侍女所梳半翻高髻为假髻,即假发,这种假髻也称"义髻"。清陈世熙《唐人说荟》中收录的北宋乐史撰《杨太真外传》记:"妃常以假髻为首饰,而好服黄裙。天宝末,京师童谣曰:'义髻抛河里,黄裙逐水流。'"从中可以看出,杨贵妃当时所戴的是假髻。目前昭陵发掘出土的陶俑及壁画中,侍女头上戴假髻者颇多,为我们研究唐代侍女发式提供了形象的资料。

吹排箫坐部女伎图

《吹排箫坐部女伎图》高108厘米,宽88厘米,1990年出土于韦贵妃墓后甬道西壁。女伎头梳双环望仙髻,身穿红色阔袖衫,系紫色长裙,外套灰色褶纹短裙护。额饰花钿,面施妆靥、涂胭脂,双目低视,在朱膘色毡垫上跏趺而坐。双手捧排箫作吹奏状。

排箫又名"雅箫""颂箫""舜箫""秦箫"等,是一种中国传统乐器。世界上最早的排箫是3000多年前西周初期的骨排箫。

坐部舞蹈女伎图

这幅壁画高 105 厘米，宽 88 厘米，1990 年出土于韦贵妃墓后甬道西壁。图中女伎头梳双环望仙髻，面饰花钿、笑靥。内穿白色圆领窄袖襦衫，外着红色阔袖衫，衫外又套淡靛蓝色对领半臂。系紫色长裙，足穿红色高头履，跪在朱膘色毡垫上，作翩翩起舞状。

坐部伎始创于唐太宗时，是唐代宫廷乐舞的两大类别之一。舞者 3~12 人，坐于堂上表演，以丝竹细乐伴奏，规模较小，故名。坐部伎等级比立部伎高，技巧难度也比较大，舞姿典雅，服饰清丽，技艺精湛。安史之乱后，艺人流散，坐部伎渐趋衰亡。

敲磬坐部女伎图

这幅壁画高 105 厘米,宽 88 厘米,1990 年出土于韦贵妃墓后甬道东壁。图中女伎头梳双环望仙髻,身穿红色敞领右衽阔袖衫,系紫色长裙,跪在朱膘色毡垫上,面前竖一木质磬架,架上上下悬挂两排磬,上排的较小,约有 6 枚(部分残缺),下排的较大,约有 4 枚(部分残缺),磬架两脚各雕饰一白色小狮子。

磬是中国古代汉族一种石质打击乐器,起源于某种片状石质劳动工具。其形后来有了多种变化,质地也进一步有了玉质和铜质。磬最早用于汉族的乐舞活动,后来用于帝王、上层统治者的殿堂宴享、宗庙祭祀、朝聘礼仪等活动中的乐队演奏,成为象征身份、地位的礼器。唐、宋以后新乐兴起,磬仅用于祭祀仪式的雅乐乐队。

弹箜篌坐部女伎图

《弹箜篌坐部女伎图》高 108 厘米，宽 88 厘米，1990 年出土于韦贵妃墓后甬道西壁。图中女伎头梳双环望仙髻，身穿紫色阔袖衫，系红色长裙，额饰花钿，面施妆靥、涂胭脂，双目正视前方，在朱膘色毡垫上跏趺而坐。双手持竖箜篌作弹奏状。

箜篌是中国古代传统的弹弦乐器，又称拨弦乐器，有卧箜篌、竖箜篌、凤首箜篌等形制。在古代，箜篌除宫廷乐队使用外，在民间也广泛流传。盛唐时期，随着经济、文化的飞速发展，箜篌演奏艺术也达到了相当高的水平。也就在这一时期，箜篌从我国传入日本、朝鲜等国。

吹口技坐部女伎图

《吹口技坐部女伎图》高108厘米，宽88厘米，1990年出土于韦贵妃墓后甬道西壁。图中女伎头梳双环望仙髻，身穿红色阔袖衫，系紫色长裙，额饰花钿，面施妆靥、涂胭脂，双目正视前方，在朱膘色毡垫上跏趺而坐。右手握拳置于胸前，左手遮于嘴上作吹奏状。

口技起源甚早，可以追溯至上古时期。当时人们以狩猎为生，为了狩猎方便，经常需要模仿鸟兽的叫声来引诱它们，或以恐吓的吼叫声驱赶、围猎野兽。历史上关于口技的记载，最早见于《史记》。唐代早期有了专门教习口技技艺的组织——学像声社。宋代是口技发展最为鼎盛的时期，《东京梦华录》和《武林旧事》中都有关于口技的描述。那时宫廷和民间都有专门的口技表演艺人。

吹箫坐部女伎图

《吹箫坐部女伎图》高 108 厘米，宽 88 厘米，1990 年出土于韦贵妃墓后甬道东壁。图中女伎头梳双环望仙髻，身穿红色阔袖衫，系花青色长裙，外套灰色褶纹短裙护。额饰花钿，面施妆靥、涂胭脂，双目正视前方，在朱膘色毡垫上跏趺而坐。双手持箫作吹奏状。

古有"横吹笛子竖吹箫"之说。箫是一种来自大自然的乐器，历史悠久，音色圆润轻柔，能营造出幽静典雅的氛围。箫声，能带给人一种似远在深山、若入幽谷的空明感。吹箫的时候保持平和、宁静的心境，才能将这种美妙的声音表现得更好。

抚琴坐部女伎图

　　这幅《抚琴坐部女伎图》高 105 厘米，宽 88 厘米，1990 年出土于韦贵妃墓后甬道西壁。图中舞伎头梳双环望仙髻，面饰花钿、笑靥。内穿白色圆高领窄袖襦衫，外着青色阔袖衫，衫外又套紫色对襟白领半臂。系红色齐胸长裙，束白色宽腰带，在朱膘色毡垫上跏趺而坐。琴置于腿上，双目平视，作拨动琴弦状。
　　琴是我国传统的弦乐器，最初有五根弦，后加至七根弦（亦称"七弦琴"，通称"古琴"）；也作为某些乐器的统称。琴者，情也。唐人借抚琴宣泄情绪，抒发情志。琴声悠扬美妙，能营造出自然之境，抚者怡然自得，听者得逍遥物外之乐。

献马图

　　这幅壁画高176厘米，宽180厘米，1990年出土于韦贵妃墓第一天井西壁。图中绘淡朱骠马，前有攀胸后有鞦，披鬃，拖尾，张口，有红色障泥，右前腿抬起，似蓄势待发。马左侧一人，深目高鼻，为胡人形象，头戴黑色尖顶胡帽，上身穿靛蓝色圆领窄袖袍，下身穿蓝边白色裤，足蹬黑色长筒皮靴，双手控缰，身躯呈佝偻状。马右前侧一人，朱唇短髭，穿红色绿翻领窄袖胡袍，束黑色腰带，足蹬黑色长筒尖头皮靴，右手屈于胸前，左手持缰。

　　这幅壁画造型生动，骨法用笔，以书入画，毛笔的起、行、收非常讲究，笔笔送到。如马身上的披鬃既体现出线条的刚劲有力，又表现出马鬃的飞动飘逸。

袍服仪卫队图

《袍服仪卫队图》1986年出土于长乐公主墓墓道东壁,高265厘米,宽365厘米。图中8人均戴黑色幞头,内穿白色圆领窄袖袍,束腰,外着淡花青色晕染系领敞襟短袖风衣,足蹬黑色长筒尖头靴。前边一人为领班,左手按剑,右手握拳于胸前。后边7人腰佩弓弢、箭囊、长剑,手执红色五旒旗。

长乐公主墓的营建时间不足40天,在营建过程中,绘制壁画是最后的程序,可以想见当时留给画师的时间相当短促。难能可贵的是,在如此有限的时间内能绘制出这样精美的作品,应是当时一流画家所为。

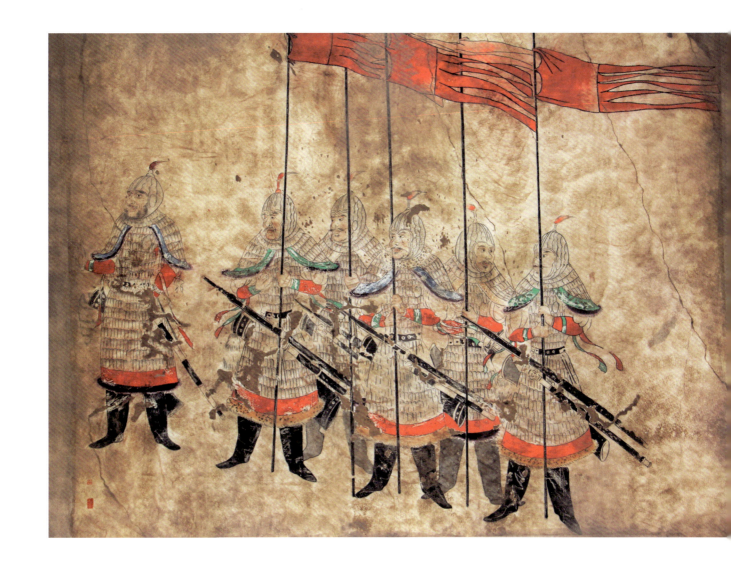

甲胄仪卫队图

《甲胄仪卫队图》出土于长乐公主墓墓道西壁，宽 416 厘米，高 269 厘米。图中绘有 6 位武卫形象，他们均头戴兜鍪，鍪顶插缨，内穿毛皮甲袍，外穿甲胄，佩长剑、弓弢和箭箙，两腿前后分立成"八"字形，给人稳若泰山之感。前边的领队与后边 5 人拉开距离，浓眉大眼，络腮胡须，左手按剑，右手指点，气度不凡；后边 5 人均留八字胡，手执红色五旒旗，错落排列，静中寓动。

这幅壁画在绘画技巧上很有特色，线条飘逸劲健，晕染细腻。画中人物眉毛、胡须根根不乱；甲胄及甲札片片有序，连接甲片与铆钉的络带、腰带上的带钩和扣眼也清晰可辨。虽然画中人物年龄相仿，服饰相同，但画师别出心裁地在人物面部表情上下功夫，使得人物表情各异，各具特色。画师又紧紧抓住军人特有的气质，着力渲染人物形象的勇猛刚毅，彰显出大唐男儿自信豪迈、果敢坚毅的个性特征。

这幅壁画直观、形象地反映了初唐皇室出行时的盛况，也从侧面展示出大唐的军威、军律及军事配置的完善。

群侍图

《群侍图》高 68 厘米，宽 98 厘米，1986 年出土于长乐公主墓，绘于第一至第二石门间甬道东壁。图中绘有 5 个侍女，从左至右，除第三个侍女外，其余侍女均梳高髻。第一个侍女着深绿色披帛，系赭石与深绿相间的绣裙，双手捧白色玉壶春瓷瓶，瓶内插一枝待绽的莲花和一枝莲蓬。第二个侍女披赭黄色披帛，系白绿相间的绣裙，右手捧盂，左手持拂尘。第三个侍女持丁字杖，卷发，戴大耳环，黑皮肤。第四个侍女穿窄袖衫，披淡朱色披帛，系蓝色齐胸长裙，左手持团扇。第五个侍女因残损太甚，服饰不详。

这幅壁画中洁白的玉壶春瓷瓶里插有未开之莲花和莲蓬。莲蓬多子，寓意为"多子多孙，子孙满堂"，然而墓主人长乐公主以 23 岁芳龄不幸暴病而亡，其墓志载"悲夫……掩心之镜，访秦宫而莫逢；长生之药，祈王母而不至"。此图寓意为祈愿长乐公主转世为一个美丽的女人，多子多福。

背身侍女图

《背身侍女图》高 97 厘米，宽 51 厘米，1973 年出土于李震墓第三过洞西壁。图中侍女头梳椎髻，穿素白半臂，深红色披帛绕身垂下，系紫白相间的条纹裙。唐代侍女喜欢在肩背上配搭一长条帛巾，或为纱质，或为丝布质，或素面纯色，或绘有各种吉祥图案，名曰披帛。

昭陵出土的绘画和雕塑作品中多有身披披帛的侍女形象。这一物件在文学作品中也多有反映，如唐代元稹《会真诗三十韵》中有："宝钗行彩凤，罗帔掩丹虹。"唐代张文成《游仙窟》中有诗句："迎风帔子郁金香，照日裙裾石榴色。"又，唐人小说《霍小玉传》记霍小玉死后，李益见其"容貌妍丽，宛若平生。着石榴裙、紫褡裆、红绿帔子"。诗文中的"帔"或"帔子"，都是指女子的披帛。

持蜡台侍女图

　　这幅壁画高 100 厘米，宽 70 厘米，1973 年出土于李震墓第三过洞西壁。图中侍女头梳椎髻，上穿紫色素白边半臂，下系石榴色长裙，背身持一蜡台，蜡台上有一支正在燃烧的蜡烛。

　　半臂是一种短袖上衣，由汉魏时期的半袖发展而来。因其衣袖长度为长袖衣的一半，所以称为半袖，也称"半臂"。一般多为对襟，衣长及腰际，两袖宽大而平直，长不掩肘。唐朝建国之初，"女史则半袖裙襦"。半臂作为女史的工作服，干净利落，方便工作。

持纨扇侍女图

　　这幅壁画高 110 厘米，宽 60 厘米，1973 年出土于李震墓第三过洞西壁。图中侍女头梳椎髻，穿素白色鸡心领窄袖上衣，着紫色素白边半臂，披紫色披帛，系齐胸石榴裙，穿尖头履。右手握扇骨，左手握扇面上部，横持素面团扇于腹前。

　　从昭陵已发掘的 40 余座陪葬墓出土的壁画、雕塑作品来看，侍女系齐胸石榴裙非常之多，应该是这一时期的风尚。当时齐胸襦裙款式增多，裙色绚丽，这种齐胸石榴裙成为唐代侍女的标志性穿着。这幅壁画中的持纨扇侍女，雍容端庄，在石榴裙的装饰下，很好地掩藏了腰身的丰腴，透出"窈窕淑女"之风韵。这种宽大松弛、裙摆曳地的大裙子，始终牢牢占据着女裙的主流。

持执壶托果盘侍女图

这幅壁画高 110 厘米，宽 80 厘米，1973 年出土于李震墓第三过洞东壁。图中侍女头梳椎髻，浓眉大眼，上穿素白色圆领窄袖衫，下系红白两色齐胸曳地长裙，披紫色长披帛。右手缩于袖内，托果盘于右肩，盘内放置带叶的时令水果，左手持一金色酒壶。足蹬高头履，呈行走状，似乎是急着为墓主人送酒食。随着轻盈的步伐，长裙后曳，紫色的飘带随着侍女优美的身材和轻柔的步伐飘摆，显得十分飘逸、休闲、大方而美丽，印证了唐代开放、包容的时代风尚。

执壶是唐代出现的一种盛酒器，据史料记载，它的正式名称是注子，也叫"扁提"。图中所绘执壶，是唐代饮酒之风兴盛的产物，颇具时代感，也体现了唐人的审美情趣和大气、包容、自信、进取、创新的时代精神。

持纨扇双人嬉戏图

  这幅壁画高 109 厘米，宽 66 厘米，1973 年出土于李震墓第三过洞东壁。图中二侍女均头梳双螺髻，曲眉丰颊，丰颐厚体，眉目清秀，朱唇。前面的侍女穿白色窄袖袒胸襦衫，披深紫色披帛，系齐胸红、淡黄色相间条纹长裙，外套红色裙护，左手横持团扇。后面的侍女穿红色窄袖襦衫，系紫、白相间条纹长裙，搂抱着前面的侍女。从整个画面看，二侍女天真活泼，婀娜多姿，在偷闲中恣意嬉戏。

  唐代的侍女，每天早晨梳妆时都要在嘴唇上饰口红，用小拇指指尖在胭脂盒中挖一点胭脂，然后在铜镜前慢慢涂匀。白居易《和梦游春诗一百韵》中写道："朱唇素指匀，粉汗红绵扑。"女子晨起化妆，将胭脂涂在嘴唇上，犹如画龙点睛，使自己一整天从内到外散发出自信、朝气和迷人的女性之美。

捧白瓷净瓶侍女图

这幅壁画出土于李震墓第三过洞东壁。图中侍女头戴黑色幞头，上身着红色圆领袍，下身穿黑白相间的波斯裤，足穿素色麻线鞋。右手缩于袖内，与左手共捧白瓷净瓶于胸前。净瓶长颈，圆腹，颈上有盖。

白瓷净瓶为佛教僧侣"十八物"之一，游方时可随身携带，以储水净手。它源于佛国印度，后随佛教传入中国、日本、朝鲜及南洋诸国。瓷质净瓶流行于唐、宋、辽时期，造型为细长管状，颈中部突出如圆盘，长圆腹，圈足。此壁画中的白瓷净瓶应为侍奉墓主人李震夫妇在阴间起居净手的生活用具。

对舞图

这幅《对舞图》高132厘米,宽192厘米,1990年出土于燕妃墓墓室北壁东部。图中二女伎均头梳双环望仙髻,加饰精美的步摇冠、金色步摇,穿朱红色右衽阔袖衫,内着白色长袖舞服,系黑白相间条纹长裙,面向中央,低头对舞,舞步一致,娴熟协调。

图中二女伎步摇冠华丽,配饰讲究,舞服精致、华贵、艳丽,她们仿佛在随着优美欢快的乐曲,时而飞快舞动,漫步轻盈,时而相聚相离,快与慢、聚与离犹如流星赶月,又如鱼儿戏水。头上的金色步摇冠、舞服上的缚肘和束腰的舞带,在身体的舞动中配合舞服的长袖、束腰、长裙舞动,表现出女性的阴柔之美。这幅壁画是研究唐代舞蹈文化和中国服饰文化不可多得的形象资料。

后 记

仲夏时节，正值御杏成熟之时，拙作《昭陵博物馆珍品讲读》顺利完稿，即将付梓。但愿书中的每一篇小文，都能如一颗颗肉香汁甜的御杏，为读者朋友们所喜爱。

近日天气转凉，晨起临轩，清风徐来，窗前细雨中的合欢花散发着阵阵幽香，沁人心脾。远眺云海中的九嵕山，峰峦叠嶂，更显苍莽挺拔；近观烟雨中的昭陵博物馆，苍松翠柏与青砖碧瓦相互掩映，让人不由得感慨良多，思绪万千。时至今日，我已在文博战线上摸爬滚打了近30个春秋，帧帧画幅历历在目，有艰辛，有遗憾，有收获，但更多的是快乐。

白驹弄影，时光匆匆，28年前，组织为我分配工作，有交通部门和昭陵博物馆两个选择，我毫不犹豫地选择了只发差额工资的昭陵博物馆。因为我早已为昭陵博大精深的壁画艺术所折服，心摹手追，梦寐思之。能浸淫于这所艺术大殿堂是我的夙愿，我情愿终生相随，与它相伴相依。

我从一名青衿学子到而今的知天命之年，和昭陵结缘，与昭陵文物"相濡以沫"已数十年。

记得那是1979年，我上小学四年级。六月的一天，我们学校组织师生参观昭陵博物馆。从我们村到昭陵博物馆有2千米。一大早，在老师的带领下，全校学生戴着红领巾，打着小红旗，踏着歌儿来到了昭陵博物馆。进馆后，随着讲解员的讲解，我们有序地参观着。走到唐墓壁画陈列室时，我被那栩栩如生的唐代仕女图吸引了，随即从书包里拿出早已准备好的美术本，用铅笔认认真真地描画起来。这时我的班主任（也是我的美术老师）刘素亚老师走过来说："春林，好好画，好好学，将来就到这儿上班，画一辈子。"命运待我不薄，最后我真的幸运地来到昭陵博物馆工作，并将家安在博物馆对面，即红林草堂，终生受蕴于大唐文化。人一生最大的幸福是能从事自己喜爱的工作，且能以之养家糊口。我感恩先祖灿烂的历史文明，感恩我的单位昭陵博物馆，因此，特意请著名书法家、篆刻家马骥老师和唐永平老师为我刻了"家在昭陵""情系昭陵"等几方闲章，以志情怀。

我初到昭陵博物馆工作，除了会画画，别的知之甚少，就虚心向老一辈的老师和领导请教。在他们的帮助下，我如饥似渴地学习、研究，还利用业余时间把自己对一些精美文物的感受写出来，发表在报刊上。

己亥嘉平，西北大学出版社邀我编写《昭陵博物馆珍品讲读》一书，这是对我的信任与鞭策，荣莫大焉。本书分篇介绍了昭陵博物馆馆藏的陶俑、碑版和壁画，精选的80件文物均为国家一级文物。

本书的编写，得到了我馆馆长张志攀先生、书记周铁先生的大力支持和指导，李浪涛副馆长和业务部刘群主任提供了部分图片，王俊杰副馆长和本馆胡元超先生也都给予了大力支持。咸阳市著名青年书画家王瑞老师、大连市画友颜艳女士也给予了全力配合。台湾著名国学家、艺术家、文物鉴定家张克晋教授在百忙之中为本书撰写了序言，为拙作增光添彩。在此衷心感谢上述诸君！

拙荆李红娟，任劳任怨，相夫教子，在我编写本书的过程中，更是家务全包，给我创造了良好的条件，真是我的贤内助。在此敬表谢意。

由于时间仓促，加之水平有限，书中难免存在不足之处，望各位专家学者和读者朋友不吝赐教。

庚子蒲月于古谷口红林草堂之南牖